达夫 ／ 著

全能营销

中国华侨出版社
北 京

前言
PREFACE

市场营销作为现代经营管理科学的一个重要分支，出现于 20 世纪初的美国。在其长期的发展过程中，孕育出一系列营销方法，这些营销方法集中体现了营销大师们的经营智慧和营销艺术。市场细分、服务营销、合作营销、品牌营销、网络营销……这些产生于不同时代的营销方法，如海上的灯塔、天空中的北极星，指引着一批又一批的业者创造出辉煌的成绩。

在现代市场经济条件下，对企业而言，要想在激烈的竞争中脱颖而出，其经营者和营销人员必须透彻地理解营销，娴熟地应用营销工具。营销方法是对营销实践的科学总结，是处理特定问题的利器，是各路营销精英解决现实问题的精髓所在。可以说，了解与掌握各种营销方法已成为商界精英们必须具备的一种商业素质。

本书详细阐述了经过实践反复检验的营销方法，力图从专业角度对市场营销这门科学进行深度概括，期望从理论和实践应用两个方面为企业管理者和营销人员，以及有志于从事营销工作的人提供切实的帮助。本书的编写突出了如下特点：

首先，在图书结构上向读者展示了营销活动的全过程。从营销环境分析到市场机会选择，从营销策略应用到组织与控制营销活动，本书为做好营销活动的每一个环节出谋划策。通过本书，读者不仅可以了解营销活动的全过程，更重要的是可以获知如何开展营销活动。

其次，在图书内容上，本书坚持深入浅出、通俗易懂的原则，所介绍的每一个营销方法都由一个小故事引出。这些小故事或是与营销方法内涵相通的寓言，或是一个微型案例，使读者在阅读正文之前，就能对营销方法有一个宏观把握。小故事之后是营销方法的介绍，然后是精选的相关案例，最后介绍如何运用经典的营销方法。这样不仅可以保证读者对营销方法有一个透彻的了解，更能懂得如何将其付诸实施。

最后，本书所述内容紧跟时代步伐，将最新的营销方法介绍给读者。世界总是在发展、进步，新科技、新理念层出不穷，营销方法也不断推陈出新。诚然，经典营销方法有历久弥新的魅力，但新的营销方法却能紧扣时代的脉搏，更贴近当下的消费者。本书重点向读者介绍了几种新的营销方法，同时希望读者能够了解这些新方法，学会应用新方法，甚至敢于开创方法。

本书在编撰过程中参考了大量的专业著作和经典案例，择其中精华者集结于此，图书结构及文章体例也做了精心设计。总的来说，这更像是一本工具书，营销工作者在日常工作中可随时参考、查用。本书倘能对读者有所启发，对实际工作有所助益，则为编撰者之所望。

目　录

CONTENTS

第三章　品牌营销：企业基业长青的品牌营运法则

第四章　共情营销：快速实现低成本爆发式销售增长

第五章　关系营销：社交网络时代的营销之道

第六章　新媒体营销：把消费者当作传播者的营销新思维

第七章　价格营销：精准定价，跳出价格战的无效陷阱

第八章　全能营销：全世界赢利最快的 6 个营销策略

第一章

差异化营销：
找到现在和未来的竞争定位

竞争对手界定法

只有正确界定竞争对手，才有可能在竞争中取胜。

不仅争夺顾客资源的企业是竞争对手，争夺其他资源的企业也是竞争对手。

驴子生活在一个小乡村里，整日和鸡、鸭、狗、猪等在一起，感觉自己很强大，于是便骄傲起来，觉得自己很了不起。

一天，一头迷路的狮子来到了村子里。它看到了驴子，心想这样一个庞然大物可以让我美餐一顿了，于是悄悄向驴子摸去。这时眼尖的鸡发现了狮子，立即尖叫起来。狮子从未听过鸡叫，乍听这种叫声，也觉得毛骨悚然，于是不顾驴子，转头就跑。

迟钝的驴子现在才发现狮子。它见狮子连鸡都怕，非常鄙视，心想这次要让狮子瞧瞧我的厉害，长长我的威风。于是，驴子跑去追赶狮子。不一会儿，它们就出了村子，鸡的叫声已遥不可闻。狮子停下来，松弛一下紧张的神经，回头却发现驴子已追到跟前，顿时喜上眉梢，于是扑过去咬断了驴子的喉咙。

直到这时，驴子才见识到狮子的厉害，但为时已晚，只能哀叹道："我真是愚蠢啊！明明不是它的对手，却偏偏要找上来送死。"

面对比自己强大很多的敌人，弱小的一方应选择逃避、退却或者与之周旋，寻找机会巧妙破敌。若盲目轻进，固然勇气可嘉，结果却必定是自讨苦吃。在营销过程中，同样如此。

正确界定竞争对手

在激烈的市场竞争中，超越竞争对手无疑是企业的战略重点。但如若企业无法界定竞争对手，或者界定的竞争对手是不准确的，就势必会对企业的发展造成消极的影响。因此，企业超越竞争对手、实现战略目标的前提是，正确地界定竞争对手。

企业之间的竞争，通常是指对顾客的争夺。实际上除顾客资源方面的竞争以外，企业之间的竞争还表现在争夺其他资源上。举例来说，当当网和华为公司有着截然不同的目标顾客。从顾客资源这方面来看，它们之间没有竞争关系。但是它们都要在相同的劳动供给条件下，争夺优秀的计算机编程人员。因此，从人力资源角度来考虑，华为公司与当当网便是竞争对手。总的来说，界定竞争对手的标准有4种，即顾客导向、营销导向、资源导向和地理区隔。具体如下表所示：

标准	细化内容
顾客导向	顾客为什么使用该产品和服务——满足顾客需求方式的竞争；顾客是谁——类似预算的竞争；顾客什么时候使用产品或服务——时间和注意力的竞争
营销导向	分销策略、价格策略、媒体策略、沟通策略、广告和促销
资源导向	人力资源、财务资源
地理区隔	

麦当劳的汉堡包之战

如今麦当劳的连锁店已遍布全球，是名副其实的快餐巨人，然而这个巨人是如何一步一步成长起来的呢？这还得从咖啡店说起，因为麦当劳正是踏着咖啡馆的肩膀上路的。

20世纪中期，咖啡馆在美国相当受欢迎（当然现在也不冷清）。一家小的咖啡店里通常只有六七张凳子和一个柜台。在这样一个温馨的小空间里，顾客除了品尝咖啡以外，还可以吃到火腿蛋、烟熏猪肉、莴苣三明治和冰激凌等食品。当然，汉堡包、法式炸鸡也是必不可少的。每一个城市、每一个地区的咖啡馆都有不同的特色，例如在费城，奶酪牛排三明治是其特色，蛤肉杂烩则是波士顿的特色等。不同地区的咖啡店都在警惕地防卫着自己的地盘。

是的，各地的咖啡馆都有自己的特色，但是这些咖啡馆并没有专心经营自己的特色。就像上文所说的，顾客可以在一个小咖啡馆里点到许多自己喜欢吃的食物。当然，这样做可以满足顾客多方面的需求，但是从营销战略的角度来看，它的战线拉得太长了，因而不堪一击。精明的雷·克罗克敏锐地发现了咖啡馆的弱点，他以最受人们欢迎的食品汉堡包作为突破口，向咖啡馆发起了猛烈的攻击。

事情进展得很顺利，应该说麦当劳的战役打得非常漂亮。作为对手的咖啡馆甚至没有意识到自己受到了攻击，而成千上万的咖啡馆的顾客却走进了麦当劳。暂时的成功并没有令克罗克得意忘形，雄心勃勃的他立即着手扩张他的麦当劳版图，很快麦当劳的连锁店就开遍了整个美国。当咖啡馆意识到他们的顾客更多地光顾麦当劳的时候，想办法应对这一状况已经来不及了，麦当劳已经确立了它在汉堡包领域的不可动摇的优势。就这样，麦当劳开始了向巨人成长的旅程。

如今，在讨论麦当劳的成功时，营销专家们津津乐道于该公司严格的程序和标准以及它对清洁的狂热追求，却很少提及其最初的成功。但也许那才是最为重要的，而成功的原因就是，在正确的时间选择了正确的对手，最后用正确的方式战胜了对手。

竞争性路径分析法

在零和甚至是负和博弈状态下，企业若想生存和发展，必须掌握竞争对手的竞争策略。

收集竞争对手资料，对竞争对手进行分析，日益成为企业的一项重要职能。

在鸿门宴上，刘邦几乎命丧当场。深感危机的刘邦为麻痹项羽，在退走时烧掉了栈道，以示永不返回。然而，刘邦一刻也没有放弃统一天下的梦想。在几年的养精蓄锐之后，刘邦于公元前206年派大将军韩信东征。出征之前，韩信表面上命人修复栈道，摆出一副要从原路杀回的架势，暗地里率大军绕道陈仓。项羽完全被假象所蒙蔽，调动主力防守栈道，却被韩信来了个突然袭击，最终三秦之地尽姓刘。这就是著名的"明修栈道、暗度陈仓"的故事。

400年以后的三国时期，韩信的计策被人借用，但这次的结果却截然相反。当时，魏国的大将邓艾与蜀国的大将姜维隔白水河对峙，邓艾屯兵于白水之北，姜维屯兵于白水之南。对峙日久，两军都无动作。这时，邓艾看出了端倪，他对部下说："我军兵少将寡，按常理，姜维应及早攻击我们。而如今，对方全无动静，其中必然有诈。姜维定是在效仿韩信的'暗度陈仓'，率军去袭击洮城以断我后路了！"于是，邓艾连夜带兵赶赴洮城，果见姜维正在渡河，结果大败姜维。

项羽被韩信的假象所蒙蔽，没有猜中后者的行军路线，结果惨败；邓艾吸取项羽的教训，明察姜维的动作，结果大胜。前输而后赢，原因不言而喻。同理，在商战中收集竞争对手的资料、分析竞争对手可能采取的策略也至关重要。

知己知彼，方能百战不殆

企业所面临的宏观环境正经历着巨变：国际竞争日趋激烈、科技发展日新月异、利率和通货膨胀大幅波动、消费者的口味频繁变化，令人难以捉摸。在这样一个复杂的背景里，隐藏着无数不确定的因素。企业只有把握住竞争对手的脉搏，才能在市场中站稳脚跟。

要对竞争对手进行分析，首先要进行资料的收集。一般来说，资料主要来源三大方面，即二手资料来源、原始资料来源和其他资料来源。

（1）二手资料来源。二手资料是资料的主要来源，它所涵盖的范围非常广泛，且一般不需付出较高的代价。具体来说，二手资料主要通过以下几种途径获取：①从出版物获得。企业可从地方报纸、商业出版物、贸易出版物等找到竞争对手的若干资料。②从竞争对手公开的资料中获得。竞争对手公开的资料包括年报、10K 报表（即上市公司年度报表）、促销宣传材料等。③从各种组织机构中获得。一些组织或机构可能也会收集竞争对手的信息，通常企业可以从政府、贸易协会以及咨询机构中找到有关竞争对手的信息。④从互联网中获得。网络和电子数据库可以为企业提供大量的廉价信息，已逐渐成为二手资料的主要来源。

（2）原始资料来源。原始资料主要有五类来源：第一是企业的销售人员和顾客。销售人员常在市场上进行营销活动，因此他们是最有可能获知竞争对手信息的人员。企业应帮助和鼓励销售人员去收集有关竞争对手的信息。顾客也是较易于获知竞争对手信息的人群，企业可通过各种方式从顾客处获知信息。第二是企业员工。企业可发动员工从市场上搜集竞争对手的信息。第三是供应商。企业可从供应商处收集信息，以估计竞争对手的生产规模和销售情况。第四是咨询公司和专业调查公司。企业可从咨询公司或专业调查公司处购买有关竞争对手的报告。第五是投资银行。如果竞争对手是投资银行的目标客户，企业便可利用投资银行了解竞争对手方面面的信息。

（3）其他资料来源。除上述种种来源之外，企业还能够通过下述途径收集资料：展览展会、招聘广告、工厂参观、逆向工程、样板市场、对手重要员工等。

雅马哈轻敌，遭遇惨败

20世纪70年代末和80年代初，日本的雅马哈摩托车公司同本田公司展开了一场争夺行业领导者地位的竞争。这场竞争异常惨烈，甚至被时人称为"近代日本工业领域中最残酷的一场决斗"。雅马哈在这场竞争中盲目自大，忽视对竞争对手的分析，最终以惨痛的失败而告终。

自20世纪50年代以来，本田一直是摩托车行业中不可忽视的力量。进入60年代以后，本田突然发力，疯狂地抢占市场份额，利用盈利进行再投资，终于在 1964 年成功加冕世界摩托车行业霸主。此后本田并没有懈怠，实力愈发雄厚，在日本本土的市场占有率一度高达 85%。20 世纪 60 年代末至 70 年代初，世界摩托车市场需求趋缓。为拓宽公司的业务面，本田决定进军汽车市场。当时国际汽车行业并不景气，竞争也十分激烈。为了能在汽车行业立足，本田不得不投入大量的资源，只能暂时放缓在摩托车行业的发展。本田的努力得到了回报，1975 年，汽车业务的收入便超过了摩托车业务的收入。

就在本田专注于汽车业务，无暇顾及摩托车业务的时候，原来居于摩托车行业第二名的雅马哈公司抓住机会，积极拓展摩托车市场。在雅马哈的步步紧逼下，本田一退再退，二者市场份额的差距逐渐缩小。1970 年本田摩托车的销售额 3 倍于雅马哈，而到了 1979 年，二者销售额的对比便成为 1.4 : 1，虽然本田仍然领先，但优势已大不如前；1981 年二者的市场占有率已不相上下，本田的领先优势丧失殆尽。

在巨大的胜利面前，雅马哈的管理层出现了盲目乐观的情绪。他们被本田败退的表面现象所蒙蔽，以为后者已成为待宰的羔羊，而完全忘记了"瘦死的骆驼比马大"的道理。1981 年 8 月，时任雅马哈总经理的日朝智子对外宣称："雅马哈将建立年产 100 万辆机车的新工厂。这个工厂一旦建成投产，雅马哈的年产量将提高到 400 万辆，超过本田 20 万辆，到时雅马哈将成为摩托车市场新的王者！"雅马哈公司的董事长也随后表示："身为一家专业的摩托车厂商，我们不能永远屈居第二！"

雅马哈的挑衅行为终于引起了本田的重视。这个摩托车行业曾经不可一世的霸主，决定让后来者看看什么才是真正的实力，他们迅速做出决策：在雅马哈新厂尚未建成时，以迅雷不及掩耳之势予以反击，打掉其嚣张的气焰。于是，残酷的战役拉开了序幕。

本田首先拿出的撒手锏是大幅度的降价。一般车型的降价幅度超过了1/3，同时增加了促销费用和销售点。这一招对消费者的吸引力是巨大的，拿一部50升的本田摩托车来说，其价格甚至不如一辆10变速的自行车。诚然，降价使本田摩托车业务的利润变得非常单薄，但"东边不亮西边亮"，汽车业务的利润足以维持企业的正常运转。相较而言，雅马哈是一家专业的摩托车生产商，采取与本田公司相同的降价策略无疑是不能承担的。

本田的另一招是产品的迅速升级换代。在短短1年多的时间内，本田凭借其雄厚的技术基础，陆续推出了81种新车型，淘汰了32种旧车型。而雅马哈的资金大多被新建的工厂所牵制，内部营运尚且资金不足，新产品开发更是有心无力，仅仅推出了34种新车型，淘汰了3种旧车型。本田的不断更新换代吸引了众多年轻消费者的关注，永远富有新鲜感也使经销商更加努力地推销新产品，相形之下雅马哈则显得暮气沉沉。本田摩托车的销售量扶摇直上，而雅马哈产品的库存却越来越多，只能通过打折的方式销售。

这场"近代日本工业领域中最残酷的决斗"仅仅持续了18个月。在这期间，雅马哈的市场占有率从37%下降至23%，营业额锐减50%，负债累累，其库存更是一度达到日本摩托车行业库存的一半！最终走投无路的雅马哈只得宣布投降，1983年6月，雅马哈董事长川上携总经理智子，就雅马哈的"不慎言辞"正式向本田公司道歉。在记者招待会上，川上还宣布了解除智子职务的决定。至此，摩托大战终以雅马哈的惨败而画上句号。

消费者购买决策行为分析法

影响消费者购买行为的因素很多，选取其中最为重要的几种因素进行分析，有助于企业更深入地理解消费者的需求，并据此制定相应的营销策略。

品牌／投入模型可广泛应用于消费者购买行为研究、新产品开发指导、营销策略的制定等。

一次，美国著名的思想家爱默生和他的独生子想把牛牵回牛棚。于是爱默生在前头牵，儿子在后头推，父子俩忙活了半天，累得够呛，而倔强的牛却纹丝不动。两个大男人四目对视，无可奈何。

女佣看到爱默生父子的狼狈样，笑着走过来帮忙。她手里拿了一些草，一边让牛悠闲地嚼着草，一边向牛棚走去。就这样，在草的吸引下，牛顺从地走进了牛棚。女佣的表现让爱默生父子看得目瞪口呆。

企业在进行营销活动时，不能只考虑自己想卖什么东西，更多地要想想消费者有什么样的需求；不能只考虑自己用什么样的方式去销售，更应了解消费者如何进行购买决策。

了解消费者购买决策行为

对消费者购买决策行为进行分析，可以帮助企业充分认识消费者是如何购买产品的，以及消费者的购买行为受何种因素的影响。

影响消费者购买行为的因素

消费者的整个购买行为受到很多因素的影响，具体归纳起来主要包括三大方面：

（1）社会影响因素。社会影响因素又可以细分为5种类型：①文化。文化是一个民族历经漫长的岁月所积淀下来的一组符号或者实物。文化可以是有形的，也可以是无形的，它对人们的本能动作的影响是深层次的。②亚文化。属于文化的一种，是指某一特定人群所独有的行为模式。③社会阶层。不同的社会阶层有着不同的偏好和生活形态，它对人们消费行为的影响正变得越来越重要。④参照群体。所谓参照群体就是指某一群体对该群体内以及群体外人的价值观或个人态度产生重要的影响。一般来说，对于消费者而言，参照群体的口碑要比销售人员的推销更具说服力。⑤家庭和住户。家庭不难理解，而住户的概念要比家庭更宽泛些，是指由个人、家庭、无关系群体所占据的一个居住单位。家庭和住户对个人购买行为也会产生重要的影响。

（2）心理影响因素。心理影响因素也可细分为5个种类：①动机。即是什么促使消费者采取购买行为。动机是一种感受，其越强烈越能促使消费者采取购买行为。②认知。消费者在决定采取购买行为之前，需要进行信息的收集，而认知就是消费者收集和处理信息的过程。只有当消费者对某种商品或服务有了良好的认知，才有可能将购买行为付诸实施。③个性。每个人都有其不同于其他人的特质，这就是人们的个性。消费者通常会选择那些与自己个性相契合的商品。④态度。即看待事物的某种倾向。态度会对消费者的购买行为产生决定性的影响。⑤学习。随着经验的积累，消费者的购买行为也会产生变化。

（3）情绪影响因素。情绪影响因素主要包括：①购物心情。心情的好坏会对消费者购买行为产生重要影响，比如当消费者兴奋的时候，可能会突然决定购买自己实际上并不需要的商品。②购物环境。气温、味道、灯光、声音等环境因素都会对消费者感觉产生一定的影响，继而会影响消费者购买行为。③购买条件。购买条件以及一些消费者愿意参与的与交易相关的活动都会影响消费者的购买行为。

品牌/投入模型分析法

品牌/投入模型通过品牌差异度和消费者投入度两大因素来分析消费者购买决策行为的模式。其中，前一个因素反映的是企业的营销行为对消费者所施加的影响，后一个因素反映的是此次购买的重要程度对消费者所施加的影响。分别以这两大因素为坐标，可建立品牌/投入模型，具体如下图所示：

品牌差异程度		
高	明星	问题
低	金牛	瘦狗
	低	高
		购买投入程度

从上图可以看出，品牌/投入模型把消费者的购买决策行为分成了4类，分别是多变型、复杂型、习惯型和和谐型。

（1）多变型：这是一种消费者购买投入低、品牌差异度高的购买决策行为模式。当消费者所需要购买的产品品牌众多、差异度高且需要的消费投入较低时，消费者通常不会专一于一个品牌，而常会有意识地尝试不同的品牌。这样做并不是因为消费者对上次购买的产品不满意，也许仅仅是为了图新鲜。比如在购买香皂时，消费者购买行为就会表现出多变型的特点。

（2）复杂型：当消费者需要购买价格昂贵且品牌差异度较高的产品时，通常会经过一番认真、审慎的研究，广泛地收集该种产品的各种外部信息，直到最终对这一产品有了较为深入的了解，对品牌有了自己的态度，才会做出购买决策。如消费者购买汽车时常会表现出这一购买类型的特点。

（3）习惯型：对于品牌差异度低、购买投入也低的产品，消费者可能会持续购买某一品牌的产品。这并不是因为消费者特别青睐该品牌的产品，而仅仅是因为习惯型的原因。如购买报纸就大体如此。

（4）和谐型：对于品牌差异度低、购买投入较高的产品，消费者通常不会花很多时间去进行资料的收集，购买决策常取决于价格、便利性等因素；而且和谐型的购买行为决策模式的整个购买过程耗时较少。

品牌/投入模型分析法可广泛应用于消费者购买行为研究、新产品开发、营销策略制定等方面。

希尔顿的成功秘诀

康德拉·尼古逊·希尔顿出生于美国一个普通的家庭，当他打算开创自己的事业时，父亲并不能给予他强有力的支持。事实上，父亲只交给了他2000美元，再加上希尔顿自己赚来的3000美元，于是这位未来的"旅馆大王"踏上了雄心勃勃的创业之路。

上帝不会辜负信念坚定的人，虽然历经了一些磨难，但是最终希尔顿还是成功了。是的，至少当时他自己已经感到非常满足了，5000美元变成了5100万美元，这让希尔顿有了巨大的成就感，意气风发。这也无可厚非，毕竟很多人终其一生都不能拥有这么多的财富。希尔顿把自己的成绩自豪地告诉了母亲，他希望看到母亲的惊喜，希望得到母亲的夸赞。但是年迈的母亲没有显露出丝毫的兴奋，她只是淡然地说："在某种意义上说，你是与从前不同了，由一个穷小子变成了千万富翁。但在我看来，你和从前并没有两样，你并没有找到生意之道。也许你认为对顾客诚实就足够了，那么你的成功也许就止步于此了。事实上，你还必须把握一种比现有的财富更重要、更宝贵的东西，这种东西足以让每一个住过希尔顿旅馆的人还想再回来住。这种东西也许并不复杂，但只有拥有了它，你的事业才更有前途。"

母亲的话让希尔顿陷入了沉思。他确实不知道如何让顾客住过之后还想来，事实上，他根本没有想过这个问题。他不相信书本上的结论能让自己信服，他决定亲身去寻找答案。于是，他开始逛商店、串旅馆，作为一个普通的旅客和顾客去亲身体验和感受。半年之内，他不知道走了多少间商店和旅馆，终于找到了答案，那就是乐观、和气。

希尔顿将和气生财的理念贯穿到了旅馆生意的运营之中，要求每一位员工无论工作如何辛苦都要对顾客报以微笑；不管顾客何种态度，都要和气相待。即便是在经济萧条、旅馆生意每况愈下的时候，他也经常这样提醒员工：无论旅馆的生意如何地糟糕，都不要把心中的愁云摆到脸上。要知道，员工脸上的微笑永远是属于顾客的阳光。

严重的经济危机使80%的旅馆倒闭，但在那个困难的时期，微笑从没有从希尔顿旅馆服务员的脸上消失过。这给所有住过希尔顿旅馆的顾客以深刻的印象，他们也从中感受到了温暖和力量。经济危机过去后，希尔顿迅速进入了发展的黄金期。至今除南极以外，希尔顿已遍布全球，成为最受顾客尊敬的国际品牌之一。

希尔顿酒店获得了巨大的成功，这源于它对顾客的理解：理解顾客的需求，理解顾客的期望，并尽力去让顾客满意。毫无疑问，任何公司能够做到这一点，都会获得巨大的成功。

组织采购行为分析法

消费者市场为大多数企业所关注，但组织市场也同样不可忽视。

营销人员通常需要花费大量的时间去研究组织客户，因为与个体消费者相比，前者更为复杂和挑剔。

一次，猎人在沼泽旁支起了一张捕鸟网。猎人的运气不错，过了不久，就有很多鸟飞入网中。猎人很兴奋，立即收网，想把大鸟们拉过来。不料，大鸟们的力气很大，反而带着网飞走了。无奈猎人只好跟在网后拼命追赶。

有人看到了猎人的行为，就劝说道："算了，别追了，你总也跑不过一群会飞的鸟吧！"

猎人边跑边气喘吁吁地回答："不对，你根本不了解，如果只是一只鸟在网里的话，我就不追赶了。正是因为有一群鸟在网里，所以我才有机会抓住它们。"

果不其然，到了黄昏，所有的鸟儿都想回到自己的家，有的想回到森林，有的想回到湖边，有的则要回到草原。于是大鸟们纷纷掉头向不同的方向飞行，结果谁也挣不过谁，反而跟着网子从空中掉了下来，被猎人活捉了。

对于企业而言，所面临的市场也可以分为两个类别：一类是消费者市场，一类是组织市场。这两个市场具有不同的特点。就像关注消费者市场的企业必须进行消费者购买决策行为分析一样，对组织市场感兴趣的企业也有必要进行组织采购行为分析。

了解组织采购行为

消费品市场上供应的是消费品，而组织市场上销售的则是组织用品。这二者并非以产品属性来划分，而是以购买目的来划分的。与消费者购买消费品供个人或者家庭使用不同，组织用户采购的产品或者服务主要是为了生产其他的产品或者服务，转售或者再卖给其他的组织或者消费者；也可能是为了维持组织的经营运作。

组织用品需求的特点

与消费品需求相比，组织用品需求具有如下特点：

（1）组织用品需求是一种衍生需求。组织用品的需求源于消费者的需求。例如，制造商对钢材的需求，实质上源于消费者对汽车、冰箱乃至牛奶、CD 等产品的需求。

（2）组织用品需求弹性小。组织用品的需求无弹性或者弹性很小，这主要有两方面的原因：其一，材料或者原材料的成本可能只占产品成本的一小部分；其二，零部件或者原材料没有替代品。

（3）组织用品需求波动大。虽然价格因素不足以在组织市场上兴风作浪，但是众多其他的因素使得组织用品的需求会大幅变化。实际上，与消费市场相比，组织市场的需求波动要大得多，比如设备和附属设备市场需求的波动性就很大。

（4）买方拥有充分的信息。由于组织采购者可选择的替代方案少、组织采购事关重大、相应投入精力较多等原因，组织采购者一般比最终消费者掌握更多的有关产品的信息。

组织采购决策过程

不同类型、不同行业的组织可能会强调不同的组织采购环节，但是概括来说，完整的组织采购决策过程应包括以下 7 个阶段：

（1）需求认知。有效地识别组织采购需求，是开展组织购买决策的前提，也是企业开展组织间营销的首要工作。组织采购需求的产生源自各种内外部因素的刺激。

（2）描述购买需求，即确定所要购买物品的品种、数量、特征等。在这一阶段，供应商的营销人员可适时介入，加强与组织采购相关人员的沟通，介绍本企业的产品。这有可能会使组织的购买决策向着有利于该供应商的方向发展。

（3）寻找潜在供应商。明确自己的购买需求后，组织通常会主动通过各种渠道去寻找潜在的供应商，如所接触供应商的推荐、通过供应商名录筛选、网络搜索等。当然，如果采购涉及的金额比较大，组织采购者通常会通过招标的方式来物色供应商。

（4）接收并分析供应商的建议书。为方便供应商的选择，组织采购者通常会要求供应商提供采购建议书。采购建议书内一般包括采购需求特征以及数量的描述、供货方式、服务条款、付款方式等内容。对于供应商来说，应在采购建议书中重点突出企业的能力、资源以及曾服务客户的案例等，以增强竞争力。

（5）采购建议书的评估。组织采购者会在这一阶段依据一定的标准，对潜在供应商进行挑选。对于供应商而言，应在事前对组织采购者的评选标准进行深入研究，进而提高采购建议书的得分，进一步增加竞争力。

（6）执行组织采购行为。确定正式的供应商之后，组织采购者会尽快与供应方签订采购协议，正式实施采购行为。

（7）采购行为评价。在这一阶段，组织采购者会对整个采购流程进行全面的评价，以判断采购行为是否正确和恰当，并判断供应商是否实现了其在采购建议书内的承诺，进而根据这种判断决定是否与供应商继续合作。

西门子的中国采购中心

西门子公司进入中国以来，在发电设备、医疗器械、家用电器、电子控制等业务方面都取得了不俗的业绩，且增长势头依然不减。与此同时，在西门子的采购活动中，中国也开始扮演着日益重要的角色。为此，西门子已经在北京和上海两地建立大型的采购中心。所有的集团都开展本地采购，并不断扩大采购业务。为了增强本地采购的力度，西门子公司又成立了中国采购中心。

中国采购中心具有协调、控制的功能。西门子在中国所有业务部门的采购计划，都要经由这个采购中心进行汇总和审核，然后进行全盘性的采购。在这一采购模式下，各分公司向中心上报采购信息。然后在中心的协调下，各分公司共同分享各种采购信息，以了解市场行情，最终实现战略性采购。通过这一采购中心，西门子期望实现协同增效的效果。

对于西门子（中国）来说，中心化采购还是一个新鲜事物。在此之前，它的各个业务部门都设有采购单元，全权负责本部门的采购活动；各个分公司也都设置采购部，分别到市场上采购。这样造成的结果就是效率的低下。那么与之相比，中心化采购有什么优点呢？原来，中心化采购的优点就在于能够将有限的、分散的采购资源集中起来，共同应对市场；而且由于集中采购的采购额会较大，能够吸引更多的供应商参与到竞标中来，不仅有利于西门子获得最优惠的价格待遇，同时还可以获得一些宝贵的供应商资源。

此外，对于西门子这样的大型跨国公司来说，采购管理实际上是供应链管理的关键环节。中心化采购可以使供应链管理在更大、更广、更深的空间内实施，使跨地区、跨行业的各业务部门之间得以互通有无、信息共享，从而使整个供应链更加顺畅和高效。

市场细分营销

企业不可能满足所有消费者需求，只能根据自身的优势、条件，选择适合自身经营的目标市场。

市场细分是营销成功的核心。

寒冷的冬夜，一个年迈的老太太守着一大筐苹果在大学门口叫卖，但因为天气实在太冷，问津的人寥寥无几。

一位教授正好从校门口路过，看到这种情形，就决定帮老太太一把。他走过来，和老太太说了几句，然后走到附近商店买来了一些节日织花用的红彩带，与老太太一起把苹果两两绑在一起。然后，他们高声叫卖道："情侣苹果，两元一个！"来往的情侣们听到叫卖，都感到非常新鲜，纷纷围拢过来。看到用红彩带扎起来的苹果确实非常有情趣，于是很多人就掏钱购买。这样，不一会儿，老太太筐里的苹果便以一个好价格销售一空了。

寒冷的冬夜，冰凉的苹果对大学校门进进出出的行人并无吸引力。而教授敏锐地抓住了情侣这一人群的特殊需要，推出了"情侣苹果"的概念，一举使无人问津的苹果成为颇有情趣的畅销货。故事里的那位教授，在有意或者无意中实践了市场细分的理论。

市场细分，营销成功的核心

市场细分这一概念，是由美国市场学家温德尔·斯密在20世纪50年代中期总结了企业界市场营销实践经验后提出来的。其含义是：按照消费者的需求和欲望把一个总体市场划分成若干具有共同特征的子市场的过程。因此，属于同一细分市场的消费者对某一产品的需求是非常相似的，而分属不同细分市场的消费者对同一产品的需求和欲望则是大相径庭的。比如，有的消费者喜欢质量过硬、价格便宜的手机；有的消费者喜欢功能多样、造型时尚的手机；有的消费者则喜欢华贵高雅、有一定象征意义的手机。手机厂商便可以据此划分出三个子市场，选择其中的一个或者几个开展营销活动。

企业要根据自身的优势和特点，从事某一方面的生产和营销活动。而选择合适的目标市场，则需要企业先进行市场细分。

市场细分的客观条件和目的

市场细分是需要一定客观条件的。只有当商品经济发展到一定阶段，市场上的商品供过于求，消费者的需求呈现出多样化、个性化特征，企业无法通过大批量生产的方式或者无差异化产品策略来满足消费者需求的时候，企业才有必要进行市场细分。

一般来说，市场细分的目的有两点：①使同一细分市场内的消费个体之间的差异降低到最小，使不同细分市场中消费个体间的需求和欲望差距增加到最大；②针对不同的细分市场，采取不同的产品和市场营销组合策略，以求获得最大的效益。

细分市场的原则

有效的细分市场通常具有以下特征：

（1）细分市场应该足够大，并保持稳定，以保证企业有利可图。

（2）细分市场必须是可以识别的，即可以通过人口统计学、情感价值数据和行为方式数据等来描述。

（3）不同的细分市场对同一市场营销组合的反应必须是不一样的，否则就没有进行市场细分的必要了。

（4）细分市场必须具有合理的一致性，即细分市场中的消费个体应有非常相似的需求和欲望。

（5）就其大小而言，各细分市场应该是稳定的。

（6）该细分市场不应该大部分被竞争对手所占据，这样很有可能会使自己的产品遭到失败。

汇源果汁的市场细分策略

市场细分是企业战略营销的起点，若不进行市场细分，企业的实际经营便会如同盲人摸象，根本无从锁定自己的目标市场；企业也不可能在激烈的市场竞争中找到自己的定位，当然也就更加无法针对市场开发出独具特色的产品了。前瞻性的市场细分固然可以使企业取得巨大的销售额，甚至取得行业领导者的地位，倘若细分一直停留在广度的、静态的层次，不深入研究消费者的实际需求，则前期取得的市场份额必然会被竞争对手所蚕食，从而功亏一篑。汇源果汁便是活生生的例子。

1. 独辟蹊径，初期告捷

20 世纪 90 年代初期，中国市场上碳酸饮料横行，各主要生产厂家把主要精力都放在争夺碳酸饮料的市场份额上。而汇源公司独具慧眼，开始专注于各种果蔬饮料市场的开发。虽然当时市场上有一些小公司零星地生产和销售果汁饮料，但绝大部分由于起点低、规模小而难有前途。汇源果汁作为一家大规模饮料企业，拥有先进的生产设备和工艺，根本不是一般小企业所能望其项背的。因此，当汇源的大脚踏入果蔬饮料市场的时候，基本没有遇到什么有力的抵抗就轻松占据了市场的制高点。

汇源果汁充分满足了时人对健康、营养的需求，凭借其大品牌战略、100% 纯果汁专业化的生产以及令人眼花缭乱的新产品开发速度，一举打开了财富的大门。在短短几年之间，汇源进入中国饮料工业的十强之列，其销售收入、利润率、市场占有率等指标均在行业中占据显要位置，成为果汁饮料市场当之无愧的领导者。应该说，汇源果汁取得如此大的成就，广度市场细分的做法是关键因素。

2. 劲敌加入市场争夺战，领导位置拱手相让

汇源果汁凭借广度的市场细分，取得了果汁市场领导者的位置。然而好景不长，当 1999 年统一集团涉足橙汁产品后，一切都发生了

变化。2001年，统一集团仅"鲜橙多"一项产品便创下了10亿元的销售额，并在当年超越了汇源。统一集团的成功吸引了包括可口可乐、百事可乐、康师傅、娃哈哈在内的众多大型饮料企业加入，一时间群雄并起，硝烟弥漫，果汁市场的竞争进入空前激烈的状态。2002年，汇源在与"鲜橙多"、康师傅的"每日C"、可口可乐的"酷儿"等品牌的竞争中已处于劣势地位。尽管汇源公司将失利归咎于"广告投入不足"和"PET包装线的缺失"等原因，然而在汇源增大广告投入、花巨资引入PET生产线后，其市场份额仍然在不断下降。很显然，问题并不像汇源想的那样简单。

3.病因分析：市场细分静止僵化

在市场的导入期，由于顾客的需求较为简单、直接，市场细分可以围绕着地理分布、人口及经济因素等广度范围展开。此时，品牌的有力竞争者往往还没有出现，竞争一般局限在产品、质量、价格、渠道等方面。汇源果汁也正是在这一阶段脱颖而出的。但是，这种广度的市场细分方法只适合在市场的启动和成长阶段使用，当顾客的需求呈现出多样化和复杂化等特征的时候，市场细分也应由原先的广度和静止向深度和动态发展。

以统一"鲜橙多"为例，其通过深度市场细分，选择了追求健康、个性、美丽的时尚女青年作为目标市场，并依此进行产品设计，卖点更是直指消费者的心理需求："统一鲜橙多，多喝多漂亮"；可口可乐则专门针对儿童市场推出了果汁饮料"酷儿"，"酷儿"的卡通形象反映了可口可乐品牌运作的一贯水准，同时也俘获了万千儿童及年轻家长的心。而汇源对市场的变化"不知不觉"，一直保持自己的动能性诉求，包装也仍以家庭装为主，根本没有界定出具有明显个性特征的目标群体市场。即使在市场竞争中遭遇"滑铁卢"之后，汇源推出的 500ml、PET 瓶装的"真"系列和卡通造型的瓶装系列橙汁，也仅仅是对竞争对手包装的简单模仿。

从上述分析可以看出，汇源果汁市场地位降低的根本原因是其经营出发点、市场细分方法已跟不上市场发展的步伐。汇源是以自身作为经营的出发点，以静态的和广度的市场细分来看待和经营果汁市场。而统一和可口可乐公司则从消费者的角度出发，用深度的和动态的市场细分原则来切入市场。可知，同样是"细分"，在产品的不同生命周期阶段却有着不同的表现和结果。

差异化营销

差异化营销策略是企业挑战同质化的一件利器。

有差异才能有市场，才能在强手如林的同业竞争中立于不败之地。

雨后的春天，空气特别清新，泥土也很湿润。一条蚯蚓兴高采烈地从洞穴里爬出来，在路上慢吞吞地挪动着。

走着走着，他看到路旁有一条长长的蟒蛇正在睡觉。这是蚯蚓见过的最最漂亮的蟒蛇了，这条蟒蛇有修长的身段、好看的花纹，还有细细的腰身。蚯蚓啧啧称赞、羡慕不已，心想自己若有那样漂亮的身材该多好啊！

怎么才能把自己变得像蟒蛇那么好看呢？蚯蚓陷入了冥思苦想。想了好久，蚯蚓终于想到了一个好办法：把自己拉长。于是蚯蚓满心欢喜地爬到蟒蛇旁边，将自己的一头缠在一根树枝上，另一边使劲地用力将自己拉长。它太急切地想拥有好身材了，不料用力过大，一下子就把自己的身体弄断了。

同样，企业营销也最忌讳毫无特点地模仿。让自己的产品更有特点，更能满足某一方面的需求，这正是差异化营销所倡导的。

使产品别具一格

差异化营销所追求的"差异"是产品的不完全替代性，也就是使本企业的产品在功能、质量、服务、销售策略等一个或者几个方面与竞争产品存在差异，使本企业所提供的产品是竞争产品所不能完全替代的，这样企业的产品便可在市场竞争中占据有利地位。

差异化营销可以分为产品差异化、形象差异化和市场差异化三大方面。

（1）产品差异化。即企业生产的产品在性能或者质量上明显优于同类产品，从而形成独自的市场区隔。对于同一行业的竞争者来说，产品的核心价值没有多少区别，只能在产品的性能或者质量方面做出一些差异来，这就需要企业不断地进行创新。比如在竞争激烈的国内电冰箱市场上，海尔针对我国居民住房紧张的现状，设计了小巧玲珑的小小王子冰箱，引发了一轮消费狂潮；美菱发现一些顾客对食品卫生的要求颇高，普通的冰箱不能满足他们的需求，于是推出了美菱保鲜冰箱，在这一细分市场上拔得头筹；而新飞冰箱则独辟蹊径，将节能省电作为自己的诉求点，也满足了部分消费者的需求。

（2）形象差异化。即企业通过品牌战略和CI（企业形象）战略形成差异。成功地实施品牌战略和 CI 战略有助于在消费者心中树立企业良好的形象，发展对企业或者品牌忠诚的顾客。例如，雀巢集团向来以平易近人的姿态进行品牌的宣传，一句"味道好极了"亲切而朴实，给人以小鸟归巢般的温馨感受，这也为它赢得了无数消费者的心；柯达公司更为强调产品的 CI 包装，以黄色作为基调，突出了产品的形象，给人以明快的感觉，同样赢得了众多消费者的青睐。

（3）市场差异化。这方面的差异与产品不直接相关，主要是由市场因素所造成的，包括销售价格差异、分销差异、售后服务差异等。其中，价格差异是企业综合考虑产品的市场定位、企业的实力以及产品的生命周期等诸多因素，然后选择合适的定价策略。例如，海尔的冰箱产品常采取高价位策略，给人以高质量的感觉，取得了不错的市场效果；长虹则善于运用低价策略，同样屡屡得手。分销渠道差异，即不同的企业根据自身的特点，往往采取不同的渠道策略，有的选用多层次的渠道策略，有的则采用少层次的渠道策略，例如雅芳和安利，甚至采取直接上门推销的方式，也能取得可观的营销业绩。售后服务差异，在产品质量、功能相差无几的前提下，可能会成为销售业绩好坏的决定因素。例如，同样是销售热水器，海尔为消费者提供 24 小时的全程服务，维护人员随叫随到，凭借优质的服务在市场竞争中占得了先机。

农夫山泉的差异化营销

农夫山泉股份有限公司的前身是浙江千岛湖养生堂饮用水有限公司，成立于 1996 年 6 月。1997 年 6 月，农夫山泉登陆上海以及浙江的一些重要城市；1998 年，开始在全国范围内推广。在竞争激烈的饮用水市场，农夫山泉迅速掀起了一股红色风暴，市场占有率在当年便飙升至全国第三。2002 年 3 月，在一家专业的市场研究公司发布的中国消费市场调查中，农夫山泉被评为瓶装水行业中最受消费者欢迎的品牌。农夫山泉在短时间内取得如此大的成就，差异化营销居功至伟。

产品差异化策略

在农夫山泉进入市场之前，我国瓶装水市场的竞争者就已经人满为患。自 1987 年青岛峻山制造出我国第一瓶矿泉水之后，短短 10 年间，国内生产矿泉水的企业迅速发展到 1200 多家。20 世纪 90 年代中期开始，纯净水开始加入瓶装水市场的争夺，使竞争更趋白热化。娃哈哈、乐百氏、康师傅等知名企业也已占据一方市场。

在这一背景下，作为新进入者，农夫山泉没有盲目地加入战团，而是冷静地分析市场环境，最终将产品质量的差异化作为战胜对手的法宝。作为天然水，农夫山泉有着得天独厚的优势，那就是水源。农夫山泉坐拥国家一级水资源保护区——千岛湖，水源取自千岛湖水面以下 70 米 pH 值最适宜的那一层，在水质上，国内竞争产品无出其右。另外，农夫山泉还别出心裁地喊出"有点甜"的口号，使自身显得更加独特，更为引人注目。

形象差异化策略

首先，在产品名称上，农夫山泉给人以独特的感受。"农夫"二字能够让人联想到纯朴、敦厚、实在等，"山泉"则给人以源于自然、远离工业污染的感觉。这也迎合了都市人时下渴望回归自然的潮流。

为突出千岛湖背景，农夫山泉在红色的瓶上标出千岛湖的风景照片，一下子便将自身与竞争产品的差异性显现出来，无形中彰显了自己的纯净特色。此外，鲜红的商标更是在摆上货架的同时就能立即抓住众人的目光。

在产品包装上，农夫山泉也努力做到与众不同。1997年，它率先使用了4升包装的饮用水瓶，给人以水、油同价的感觉，在消费者心中留下了农夫山泉比一般饮用水更高档的印象；1998年，农夫山泉又有了运动型的包装，"运动瓶盖"是这种包装的最大的亮点，它被设计成能够直接拉起，而不是以往的旋转开启方式，这在当时也是独一无二的。

价格差异化策略

在产品定价上，农夫山泉没有随大溜选择1元左右的价位，而是一开始就定位为高质高价。即便是在价格战愈演愈烈的1999年，农夫山泉的价格依然高居不下，运动型包装的单价为2.5元，普通包装的单价为1.8元。这相当于同类产品价格的两倍，从而成功地在消费者心目中树立了高品质、高档次、高品位的"健康水"品牌形象。

综上所述，可知差异化的策略和战略在农夫山泉短短几年的成长过程中起到了至关重要的作用，相信没有上述差异化的策略，也不会有农夫山泉今天的地位。

第二章

优势策略营销：
打造爆品的优质解决方案

产品生命周期及其营销策略

产品生命周期理论将产品分成不同的生命阶段，营销人员可针对不同阶段的特点采取有针对性的营销策略。

产品生命周期也是营销人员用来描述产品和市场运作方法的有力工具。

古希腊有个传说，在古埃及曾有一个名叫司芬克斯的神秘怪物，这个怪物有着女人的头像和狮子的身体。这个怪物就蹲在底比斯城前面的一座小山头上，注视着每一位过路的人。凡是想进入底比斯城的人都必须回答它一个问题，如果回答不上来，就会被它残忍地吃掉。

司芬克斯的问题是这样的：什么动物早上用四条腿走路，中午用两条腿走路，晚上用三条腿走路？它的这个问题太过刁钻，很多人都因为说不出正确的答案而送命。这引起了人们极大的恐慌，这个问题也被人们称为"司芬克斯之谜"。

后来，一位名叫俄狄浦斯的大英雄来到了底比斯，解开了所谓的司芬克斯之谜。原来，这个动物就是人类：早晨象征着人类的童年，不会走路只能爬行；中午象征着人类的成年，用两条腿走路；下午则象征着人类的晚年，体力衰弱，只能依靠拐杖行走。司芬克斯见难题被解开，愤而跳崖自杀。

人有生命周期，产品亦有，它在不同的生命周期阶段也会表现出不同的特征。企业必须对产品的生命周期有充分的认识，并有针对性地开展营销活动，否则也不免遭到市场的惩罚。

产品生命周期，制定营销目标和营销策略的依据

生命周期是现代市场营销中一个非常重要的概念。它是从无数产品从诞生到退出市场的自然过程中所总结出来的，意指一种产品自开发成功和上市销售，到在市场上由弱到强，再到衰退被市场所淘汰，整个过程所持续的时间。

产品生命周期4个阶段

典型的产品生命周期一般可以分为导入期、成长期、成熟期和衰退期4个阶段。

（1）导入期。这是产品开始上市的阶段，在这一阶段，产品的知名度不高，销售增长缓慢。为打开局面，企业不得不投入大量的促销宣传费用。因此，在这一阶段，产品一般不会给企业带来丰厚的利润。

（2）成长期。在这一阶段，产品的知名度迅速攀升，销售增长率也以较快的速度上升，利润显著增长，竞争对手的类似产品也有可能慢慢冒出来。

（3）成熟期。在这一阶段，产品被大量生产和销售，销售额和利润额在达到高峰后出现疲态，开始慢慢回落，市场竞争空前激烈，产品成本和价格趋于下降。但是在成熟期后期，营销费用开始逐渐增长。

（4）衰退期。销售增长率出现负值，利润越来越小，竞争的激烈程度丝毫未减，同时，产品的替代品已经出现。随着利润空间越

来越小，产品会逐渐退出市场。

产品生命周期的其他形态

S形曲线的产品生命周期只是产品生命周期的一般形态。事实上，现实生活中不同的产品种类、产品形式甚至不同的产品品牌的生命周期形态都不一样，其中常见的有以下 3 种形态：

（1）"增长—衰退—成熟"型。小厨房用具常常会表现出这样的特点。例如，电动刀在刚进入市场时，销售增长十分迅速，但随后就跌入"僵化"的水平，然而这个水平却因为不断有晚期采用者首次购买产品和早期使用者更新产品而得以维持。

（2）"循环—再循环"型。药品的销售常常会出现这种形态。当新药品上市的时候，厂商通过积极地促销，会催生出第一个循环；然后随着销售额的下降，厂商不得不再次促销，于是便产生了规模和持续时间上都较小的第二轮循环。

（3）"扇"型。厂商发现了产品新的用途、特征或者用户，而使得产品的生命周期得以延长。如，某种新材料被发明后，由于其用途不断地拓展，致使其销售额不断呈扇形扩大。

产品生命周期理论在杜邦公司战略管理中的应用

化工业巨头杜邦公司在运用产品生命周期模型方面，一直处于领先地位。杜邦公司将生命周期模型运用于战略分析与战略行为研究中所积累的经验，是非常具有借鉴意义的。它可以帮助管理者们明确如何根据特定的市场形势应用生命周期概念。

杜邦公司通过搜集产品生命周期中的信息，并把这些信息与市场竞争情况变化的预测结合起来，形成所谓的竞争生命周期模型，以描述化工行业内每一位竞争者所经历的典型的发展历程，即在市场发展的最初阶段，市场完全被一家企业所占据，这家企业是该市场的唯一供应商，这家企业所提供的新产品与其替代品相比，在功能方面具有很强的竞争力。随后，生产同类产品的竞争者也开始慢慢渗入到市场中来，这标志着竞争渗透阶段的开始。在这一阶段，新进入的竞争者为了对抗市场最先进入者所积累的优势，不得不向消费者提供更为优惠的价格、更为周到的服务，以获取确保企业可以长期生存下去的适当的市场份额，为此各公司之间进行着广泛的竞争。当市场增长趋缓、各竞争者所占据的市场份额相对稳定的时候，就标志着市场竞争已进入市场份额相对稳定阶段。在这一阶段，各竞争产品间的差异逐渐缩小。随着各竞争者所提供的产品不再具有任何重要差异，一般商品竞争阶段便开始了。杜邦公司认为，如果没有例外情况，这一阶段便是竞争生命周期的最后一个阶段，也是企业退出市场的时机。

以上便是杜邦公司关于市场发展过程的理论。杜邦公司认为，无论是在市场发展的何种阶段，都应该将顾客的需求放在最重要的位置上。因此，在杜邦的战备计划中，旨在帮助管理者和营销者理解客户需求的"使用价值"分析便起到了基础性的作用。在这一分析中，经理们针对某一特定产品，对其几个重要用途进行经济评估，以得出一个能够与顾客对该产品价值的合理评价相符合的价位。这一分析基于顾客对产品的经济评价，因此它能够非常好地帮助经理们清楚地理解顾客的需求。由于顾客的需求总是随着时间的变化而不断变化，杜邦经理们需要在生命周期的不同阶段重复进行"使用价值"分析。

在竞争的渗透阶段，不断有竞争者冒出。为了维持或者争取适当的市场份额，除了要运用"使用价值"分析之外，还可运用"竞争对手反应"分析。杜邦公司一直致力于在竞争中占据有利位置，以防在发生经济衰退时遭遇重创。为此，经理们不仅要了解本公司的情况，更要追踪和调查竞争对手的一系列行动。

在竞争生命周期最后的一般商品竞争阶段，经理们往往还需运用"盈利性"分析来确定企业是否退出市场。杜邦公司研究发现，在市场竞争的最后阶段，由于各竞争对手的市场份额相对稳定，可以较为准确地预测公司未来的财务状况，并据此确定公司未来是否还能够赢得可观的利润额，从而为企业是否退出市场提供依据。

产品组合策略

企业多开发产品，实行产品组合策略，有利于分散生产经营的风险。

制定灵活多样的产品组合策略，可以满足市场多样化的需求，适应激烈的市场竞争。

每一个秋季，雁群都会从寒冷的北方向温暖的南方迁徙。在飞行的时候，雁群大部分时间保持着"V"字形。偶尔也会排成"一"字形，这是它们在替换排头雁，很快它们就会恢复原状。

"V"字形的雁阵，不是大雁为追求"胜利"的含义而刻意排成的，它有一定的科学依据。排头的大雁在前方开路时，它的身体和一对张开的翅膀在冲破阻力时能在左右两边的大雁身前形成局部的真空，减轻它们飞行时的阻力。同理，这两只大雁飞行时所形成的局部的真空又会帮助它们后面的大雁减轻飞行阻力。整个雁群在排头雁的带领下，就像坐飞机一样，无须花太大的力气就可以克服空气阻力，比一只大雁单独飞行要省力得多，而且能飞得更远。

大雁排成"V"字形一起飞行，这样可以减轻它们的飞行阻力，花更少的力气飞行更远的距离，比单飞要强得多。企业的产品组合其实也能起到雁群的效应。企业生产更多品种、更多规格、不同质量水平的产品，去满足不同的细分市场，这有利于形成群体优势，有利于实现企业的营销目标。就像大雁会排成"V"字形一样，企业的产品组合也不是随便就可以确定的，需要有一定的策略。不同的企业会根据自己所面临的内外部环境的特点制定不同的产品组合策略。

形成产品群体优势

产品组合是指企业生产经营的所有产品线、产品项目的组合方式。其中，产品项目是指产品大类中各种不同规格、品种、质量的产品。换句话说，企业产品目录中所列出的每一个具体的品种都是一个产品项目。产品线是许多产品项目的集合，而这些产品项目之所以能够组成一条产品线，是因为它们具有功能相似、用户相同、分销渠道同一、消费上相连带等特点。

产品组合的 4 个维度

产品组合包括深度、宽度、长度和关联度等 4 个维度。

（1）产品组合的深度是指产品线中每一产品有多少品种。例如，宝洁公司的牙膏产品线下3种产品项目，佳洁士是其中一种，而佳洁士又有3种规格，每种规格又有两种配方，佳洁士牙膏的深度就是6。

（2）产品组合的宽度是指企业所拥有产品线的数量。公司的每一条产品线一般都由一些主管人员进行管理。例如，美国通用电气公司的销售部里有冰箱、电炉、洗衣机等产品的经理，北京大学有法学院、管理学院、文学院、理学院等各个学院的院长。

（3）产品组合的长度是指企业所有产品线中产品项目的总和。

（4）产品组合的关联度是指各产品线在最终用途、生产条件、分销渠道等方面相互关联的程度。

进行产品组合的必要性

（1）有利于分散风险。在风险投资领域，风险分散要求投资者"把鸡蛋放在不同的篮子里"，以实现规避风险的目的。同理，企业也很难只依靠一种产品而在激烈的市场竞争中立足。多开发产品，进行产品的组合，有利于分散生产经营的风险。

（2）满足市场多样化的需求。当今，市场需求日益呈现多样化、复杂化的特点，这也给企业提出了多产品、多品种的要求。而产品的组成因素和构成就要求必须制定灵活多样的组合策略，以适应激烈的市场竞争。而今，多品种、多产品的营销已然成为现代企业发展的大势所趋。它不仅能使企业分散风险，更重要的是可以帮助企业扩大市场，占领更多的细分市场，从而增加企业的综合竞争力，保证利润的不断增长。

华龙集团的产品组合策略

华龙集团位于河北省邢台市隆尧县，本是一个地方性的品牌。然而2003年，在中国大陆市场上，华龙集团以超过60亿包的销售量一举占据了方便面行业亚军位置，同时与"康师傅""统一"形成了三足鼎立的市场格局，"华龙"也真正成为一个全国性的品牌。纵观华龙集团的发展历程，其成功与它的市场定位、通路策略、产品策略、品牌策略、广告策略都是分不开的，而产品策略中的产品组合策略更是居功至伟。

华龙集团共有方便面、调味品、饼业、面粉、彩页、纸品等六大产品线。即其产品长度为6。其中，方便面是主要的产品线，在这里，我们也主要来分析其方便面的产品组合策略。华龙集团的方便面产品组合非常丰富，共有17种产品系列，10多种产品口味，上百种产品规格。丰富的产品组合使华龙集团充分地利用了现有的资源，发掘了生产潜力，更好地满足了消费者的各种需求，也使其占据了更宽的市场面，促进了产品的销售。在此基础上，华龙集团的产品组合策略也同样是丰富多彩。

（1）阶段产品策略，即在企业发展的不同阶段，适时推出适合市场的产品。①在企业的发展初期，华龙集团把河北及周边几个省的农村市场作为目标市场，针对农村市场的特点，推出了"大众面"系列产品。该产品以超低的定价一举为华龙集团打开了农村市场的大门。随后，"大众面"红遍了大江南北，成功抢占了低端市场。②企业发展了几年之后，积累了一定的经验和资本。接着，华龙集团又向全国推出了面对其他市场的"大众面"中高档系列，比如中档的"小康家庭""大众三代"，高档的"红红红"等，华龙集团的知名度和市场份额由此得到了大幅提高。③从 2000 年开始，华龙集团开始逐渐丰富自己的产品系列，陆续推出了十几个产品品种、几十种产品规格。但这个时候，华龙集团主要抢占的还是中低档面市场。④从 2002 年起，华龙集团开始向高端市场发展，开发了第一个高档面品牌"今麦郎"，大力开展城市市场中的中高档面市场，此举在北京、上海等大城市获得成功。

（2）区域产品战略。针对不同地域的消费者不同的口味，华龙集团推出了不同品牌的系列产品。华龙集团产品策略就是要在不同区域推广不同产品，少做全国品牌，多做区域品牌。为此，华龙集团最大限度地区分市场，因地制宜，各个击破，同时还创作出了区域广告诉求。

（3）市场细分的产品策略。华龙集团是市场细分的高手，并且取得了巨大的成功。①华龙集团根据行政区的不同推出不同的产品，如河南的"六丁目"、山东的"金华龙"等；②华龙集团根据经济发达程度推出不同档次的产品，如在农村和城市推出的产品有别，在经济发达的北京、上海等地推出最高档的"今麦郎"桶面和碗面等；③根据年龄因素的不同，推出适合少年儿童的 A—干脆面系列、适合中老年的"煮着吃"系列等。

（4）高中低档的产品组合策略。从上表中可以看出，华龙面的产品组合是高中低相结合的形式。①在全国市场上的高中低档产品组合：低档的有"大众"系列，中档的有"甲—麦"，高档的有"今麦郎"；②在不同区域推出不同档次的产品，如在河南推出"六丁目"系列产品，而在东北投放"东三福 130"等中高档产品；③在同一区域推出高中低档面组合，如在山东和东北都推出了高中低三个档次的面，以满足消费者不同的需求。

地域	主推产品	广告诉求	系列	规格	定位
东北	东三福	"咱东北人的福面"	东三福	红烧牛肉等6种口味、5种规格	低档面
			东三福120		中档面
			东三福130		高档面
	可劲造	大家都来可劲造，你说香不香	可劲造	红烧牛肉等3种口味、3种规格	除东三福130之外的又一高档面
山东	金华龙	实在	金华龙	分为红烧牛肉、麻辣牛肉等12种规格	低档面
			金华龙108		中档面
			金华龙120		金华龙120
河南	六丁目	演绎不贵（不贵）	六丁目	分为红烧牛肉、麻辣牛肉等14种规格	市场上价格最低、最实惠的产品
			六丁目108		
			六丁目120		
			超级六丁目		
全国	今麦郎	今麦郎	煮弹面	红烧牛肉等4种口味、16种规格	高档系列，以城乡消费为主
			泡弹面		
			碗面		
			桶面		

（5）创新产品策略。华龙集团十分重视开发新产品、发展新产品系列，以满足不断变化的市场需要。①在产品规格和口味上进行创新。华龙集团总共开发了几十种产品规格和十余种新型口味。②在产品形状和包装上进行创新。如华龙面推出了面饼为圆形的"以圆面"系列、封面新潮时尚的"A小孩"系列等。③在产品概念上创新。如华龙面针对中老年市场，推出"煮着吃"系列方便面。煮着吃的就是非油炸方便面，非常适合老年人。

（6）产品延伸策略。华龙集团不仅在每一系列的产品后增加"后代"产品，如在东北市场推出"东三福"后，又陆续推出了"东三福120""东三福130"；还在同一市场进行产品品牌的延伸，比如，在推出"东三福"系列之后，又推出了"可劲造"系列产品。

总而言之，华龙面的产品组合策略是非常成功的，值得大家进行学习和借鉴，并加以推广和运用。

ABC 分析法

对于一家拥有多种产品项目的企业来说，运用 ABC 分析法有利于优化产品组合，使企业获得更好的发展。

对企业而言，总有一些产品和顾客更为有利可图，理应受到特别的关注。ABC 分析法可帮助企业识别出这些产品和顾客。

大卫从小就和父亲一起牧羊，他发现羊经常会为了争草而打架，造成无谓的损失。大卫决定想办法解决这个问题。

通过仔细观察，大卫发现最需要吃嫩草的小羊和老羊，却常常因为争不过大羊而只能吃那些又硬又尖的草；而身强力壮的大羊，牙齿坚固，足以对付尖硬的草，却只顾嫩草的香甜，而不顾小羊和老羊的需要。大卫觉得这样非常不合适，于是眉头一皱计上心来。

大卫把羊分成了三类，分别是小羊、大羊和老羊，然后把不同类别的羊圈在不同的羊圈里。每天早上，大卫总是先放出小羊，让小羊专拣最嫩的草吃；然后再放出老羊，老羊也总能吃到比较可口的美味；最后，当小羊和老羊吃饱之后，再放出大羊，大羊凭借强壮的身体和牙齿，也总能吃饱。

就这样，大卫的羊成为附近最肥、最强壮的。

分而治之的策略同样适用于营销活动。企业若既想使产品的组合达到最佳状态，即各种产品项目之间质的组合和量的比例能恰如其分地适应市场的需要，又能使企业的盈利最大，就必须采用某种评价方法进行一番选择。ABC 分析法便是常用的评价方法之一。

为不同类别的产品制定相应的管理办法

ABC 分析法最先应用于库存管理，通过分析管理对象在经济以及技术上的不同价值，并依此进行排序和分类，区别出重点和一般，从而选择不同的库存管理方法。一般来说，A 类商品金额所占的比重较大，数量所占的比重较小，对于这类商品应加强管理、按时订货、积极促销，尽量缩短其前置期间（即产品从订货到到货的时间），并尽可能地减少其库存量，适宜采用经济储量计算法和定期订货法；B 类商品的消费金额较少，而数量则较大，对于这类商品，应按照经营方针，适当地调整库存水平，可以酌情进行大量订货，减少订货次数，以节约订货费用；C 类商品所占的金额比重最小，而品种繁多，应采用简化库存管理手续，用定量订货的方式，一次性集中大量进货，用较高的库存来节约订货费用。

ABC 分析法简单易行，不仅适用于库存管理，而且在企业管理的很多方面都能起到作用，比如采购管理、客户管理、备件管理等。同时，它在产品组合优化方面也大有用途。

1. 根据市场份额来划分 ABC 类产品

对于一家拥有众多产品项目的公司来说，为了更好地发展，首先要清楚，众多的产品项目中，哪些产品在为公司争取市场份额，哪些产品在为公司贡献利润，哪些产品占据着关键成本；然后根据收集到的数据，把产品按照市场占有率的大小进行排列，确定这些产品属于 A、B、C 中的哪一组。对于 A、B、C 三类产品的基本划分标准如下图所示。

产品类别	占全部品种的百分比	对公司市场份额、主要利润、成本等影响的百分比
A	10% ~ 20%	75% ~ 80%
B	20% ~ 25%	10% ~ 15%
C	60% ~ 65%	5% ~ 10%

确定了产品的类型之后，就要针对不同类型的产品制定相应的管理办法：对于 A 类产品，应把其作为形成企业核心竞争力的产品，加大对这类产品的投入，并密切关注该类产品市场的发展方向，争

取使这类产品成为其所在市场的领导者，从而始终保持其所带来的市场份额和利润。C 类产品通常是企业的基础产品，它虽不能给企业带来可观的利润，但它的存在有助于企业功能的完整。如若舍弃该类产品，将会对企业的形象、功能以及整个市场份额起到非常严重的负面影响。比如，一家轿车制造公司，主要产品是跑车和中档轿车，虽然企业的主要利润来源是跑车，中档轿车产销量大，利润却很薄弱，但是如果企业把中档轿车的生产撤掉，整个公司的功能就会濒于崩溃。因此对于 C 类产品，管理的重点是保持其稳定性。而对于 B 类产品的管理方法，则应介于前两者之间。

2. 从顾客的角度对产品进行 ABC 分类

通过 ABC 分析法将各种产品和顾客按相对重要性进行分类，对于企业而言，总有一些产品和顾客要更为有利可图，因而应当受到特殊的关注。如以利润率为指标，利润率最高产品和顾客组合，就应当配以最高的物流服务水平。

ABC 分析的实用案例

下表便是一个从顾客角度进行 ABC 分析的实用案例。它将不同顾客的重要性与不同产品的重要性联系起来综合考虑，最终确定能给企业带来最大收益的营销组合策略。应该注意的是，该表是以利润率作为顾客和产品重要性的指标，而实际上，这一指标并不一定适用于所有的产品和企业。

顾客	产品			
	A	B	C	D
I	1	3	5	10
II	2	4	7	13
III	6	9	12	16
IV	8	14	15	19
V	11	17	18	20

在该表中，A、B、C、D代表四类产品，其中A类产品的利润率最高，以下分别是B、C、D。A类产品在整个产品线中通常只占很少的比重，而利润率最低的D类产品所占的比重却常常高达80%。I、II、III、IV、V分别代表着5类顾客，其中I顾客最有利可图，以下分别是II、III、IV、V。I类顾客的需求相当稳定，对价格也不很敏感，交易中发生的费用也较少，是最为理想的顾客，但这类顾客的数量通常都很少，甚至是屈指可数；V类顾客的利润率最少，但他们的数量却是最大的，占到企业顾客的60%以上。根据上述分析，可以看出，对企业最有价值的顾客—产品组合应为I—A，即I类顾客购买A类产品，以下分别是II—A组合、II—B组合，依次类推。企业的管理人员可以使用一些方法对各种顾客—产品组合进行排序和打分，上表便是对20种顾客—产品组合进行了简单的排序。

新产品成功上市法

新产品孕育着希望和未来，但新产品一旦失败，付出的代价也极为惨重。

上市阶段的优秀表现，会为该品牌的成功奠定基础。

一次，有记者采访加拿大著名的长跑运动员。

记者问道："您是世界著名的长跑运动员，曾多次在国际比赛中站在最高的领奖台上。您能谈一下自己的成功秘诀吗？"

"哦，成功秘诀……"长跑运动员低头思考了片刻，回答道，"如果说我有所谓的秘诀的话，那就是赢在开始和冲刺。"

记者不解，请运动员详细说。

长跑运动员说道："我的经验是，在起跑的第一步踏准，抢一个领先，然后全速奔跑，务必在第一阶段保持优势，这一点很重要；在中间阶段，只要保持常速就可以，不必去耗费太多的体力；及至最后关头，一定要咬牙坚持住，拼尽全力去冲刺。这就是我所说的赢在开始和结束。当然，相对来说，'赢在开始'更重要一些。毫无疑问，在临近结束的时候谁都会拼尽全力，而在刚开始的时候，很多人都抱有侥幸的心理，认为暂时落后没关系，可以在途中或者后程赶超。实际上并不是这样，参加比赛的选手实力都很强，你很难赶超别人，而且因为落后，你可能会变得越来越急躁，最终成绩反而更加糟糕。所以，我认为开始很重要，它为成功奠定了基础。"

好的开始是成功的一半，这个道理不仅适用于长跑赛场上，在商场中也同样适用。企业若想在竞争中占据有利的地位，应在产品上市时便奠定坚定的基础。

为后续的营销活动开个好头

我们都知道市场总是在不断变化的，科学技术在发展、时尚潮流在变幻、消费者也常常表现出喜新厌旧的情绪。在这一大背景下，许多企业出于保持市场活力、扩大市场份额的考虑，往往通过不断开发新产品来推动销售业绩的增长。新产品上市便是企业在新产品开发后开展的营销活动，这一阶段的优秀表现将会为品牌的成功奠定坚实的基础；反之，则会造成产品结构乱、品种上量难、品牌提升慢的现象。因此，如何使新产品成功上市就成了企业所要面对的至关重要的问题之一。

新产品可行性评估

在新产品上市之前，企业务必要进行可行性评估，若对这一环节不予重视，使新产品仓促上市，无疑会大大增加新产品上市的风险。先进行可行性评估，会增加新产品上市的成功概率。一般来说，企业可从以下4个方面来进行可行性评估：

（1）组织方面。营销不是一个部门的事，营销的成功与否关系到企业的生死存亡，关系到企业所有部门的切身利益。具体到新产品的可行性评估，只有企业的营销部门、研发部门、生产部门和财务部门通力合作，才能够最终完成。在这个过程中，无论是哪一个环节出现了问题，都有可能使新产品成为"怪胎"，甚至是"胎死腹中"。

（2）生产方面。即对企业生产设备、开发能力、工艺水平等进行评估，以确定企业能够生产出某种新产品。例如，汇源曾依靠餐饮渠道热销750毫升纸包装果汁，获得了不错的市场效益。许多企业有意跟进，但终因包装生产线无能力生产这一容量的纸包装而望洋兴叹。

（3）财务方面。新产品的上市通常会使企业耗费巨额的行销和研发费用，因此企业的财务部门和研发部门必须对营销部门的销售预测进行损益分析。倘若得不偿失，应尽早悬崖勒马。

（4）市场方面。新产品的销售往往需要新的渠道、通路、销售政策与之相配合，如果企业现有的营销资源不能给予新产品的销售足够的支持，就有可能造成新产品上市之后又滞销。占用巨额的资金却不能代理现金流，最终甚至会拖垮一个企业。

新产品上市前的准备

新产品上市前的准备工作同样涉及多个部门，是典型的多部门合作工作链。这就要求产品经理和新产品委员会多做协调工作。新产品上市前的准备工作比较繁多，包括广告创意、条码申请、包材制版、样品研究、新产品测试、包装印刷，等等。其中最为重要也最容易出现问题的是以下3个环节：

（1）产品包装。包装是产品的脸面，是产品与消费者沟通的直接工具。包装的设计务必要与产品的价位相吻合。切忌包装不够或者包装过分，无论是哪一种都会对消费者造成负面影响。包装要有创意，包装也是一种推销工具，企业应努力通过包装使产品从众多竞争产品中凸显出来，抓住消费者的眼球；包装的设计要有统一的风格，同一系列的产品在包装上要有风格上的一致性，这样才能使产品的陈列效果更加突出。

（2）产品测试。成熟的企业通常会在产品成型之前反复进行测试和改良，直到产品在口味和包装等方面形成独特的优势，并被消费者所认同为止。产品的测试非常重要，它甚至是整个产品开发乃至成功的关键因素。如果新产品总是不能通过测试，即便是前期付出了大量的研发费用，也应推翻重来，以免造成更大的资源浪费。

（3）毛利试算。产品上市的最终目的在于赢得利润，通过毛利试算，企业可以明确产品上市后能不能赚到钱。毛利试算所需要的数据资料，由产品经理向研发部门、生产部门收集后提供给财务部门，并由财务部门完成成本核算。营销部门根据产品的标准定价以及成本核算估算出毛利水平。如果估算出的毛利水平与预期的差距过大，企业应抓紧想办法予以修正，如要求研发部门降低生产成本等，避免出现销售越多亏损越大的尴尬局面。

宝洁新产品上市的方法

诚然，新产品的上市给企业带来了活力和发展的机遇，但同时也存在着巨大的风险。宝洁身处竞争激烈的日化行业，新产品的开发和上市是保持其行业领先地位的重要手段之一。然而在新产品上市成功率不足五成的行业内，宝洁的新产品上市成功率超过了64%，在中国市场，15个品牌百余次新产品上市，成功率竟高达85%～90%，高水平的成功率造就了宝洁的高速增长。经过几十年的市场实践，宝洁的新产品上市法越发成熟和完美。现在，就让我们来领略宝洁新产品上市方法的独到之处：

（1）精心培育，切忌拔苗助长。新产品就如刚出土的嫩苗，你不能指望它立即开花结果。实际上，它的价值通常在上市12个月之后才能体现。如果企业急于求成，压缩上市准备时间、跳过必要的工作流程、忽略产品的质量和完整性、将新产品视作摇钱树，就无异于拔苗助长，失败就没有什么好奇怪的了。基于以上原因，宝洁通常不把新产品作为实现年度营销目标的一种手段，而是给予其充分的发展空间，并对其精心培育。

（2）建立以顾客为导向的管理流程。顾客的认同是新产品获得成功的关键因素，宝洁对这一点深信不疑。为此宝洁提出新产品的本质就是产品的"概念"，而概念就是顾客的价值。在实际的工作流程中，宝洁将产品概念作为开发的第一步，且广告、渠道策略都要以产品概念为依据。为保证概念的准确，宝洁专门制定了标准的概念开发模型。事实证明，这是非常明智的。

（3）对销售额进行科学的预测。在新产品正式上市前，宝洁会先后4次对新产品在未来12个月内的销售状况进行预测，这些预测都以量化的市场调研数据为基础。事实证明，这些预测大大消除了上市准备期间的盲目性，减少了上市中的错误决策。

（4）成立新产品上市工作小组，并有充分的授权。在国内企业中，许多决策的最终拍板都依靠管理者的经验，而非实际的数据，这大大增加了决策的风险。与之相反，宝洁专门成立了工作小组，并有充分的授权，排除了高层管理者的干扰，步步都建立以市场调研为基础的决策模型，保证了决策的客观性。而高层管理者在这个过程中只扮演一个支持者的角色。

（5）引入项目管理机制。新产品上市是一项复杂的系统工程，通常会涉及公司中的各个部门。为保证工作的质量，宝洁引入了项目管理机制，将所有的工作模块细分为近百种工作任务，通过新产品上市计划予以统筹管理，使每一项任务都有人负责，都有资源估计以及量化目标，都有具体的时间安排。采用这种方法，就使整个上市工作有序而可靠。

（6）市场测试。新产品在推向更大的市场之前，先进行小规模的测试。宝洁通常会选择 12 个相对封闭的城市进行测试，时间为 3 ~ 6 个月。然后宝洁针对测试中出现的问题，对新产品上市方法进行改进。例如，帮宝适尿布在市场测试时发现了产品概念方面灾难性的失误，并及时进行改正，从而避免了更大损失。

（7）一旦发现不可克服的问题，就果断地终止项目。宝洁为新产品上市设定了多种项目终止的条件，并对发现问题并及时终止项目的新产品经理给予褒奖，鼓励其客观务实的态度。这样就在很大程度上避免了公司遭受更大的损失。

以上 7 点便是宝洁公司新产品上市方法的精华所在。正是这些方法使其新产品上市成功概率居高不下，并为其他许多企业所学习和借鉴。

第三章

品牌营销：
企业基业长青的品牌营运法则

品牌营销

品牌不仅是企业或者产品的标识代号，还是企业综合实力的展现，是企业无形资产的承载物。

产品是工厂所生产的东西，品牌是消费者所购买的东西。

昙花开了，鸡冠花看着这么美丽的花朵心里特别嫉妒。

有一天，它轻蔑地对昙花说："昙花，你虽然美丽，可是你的美丽却是很短暂的。虽然我没有你漂亮，但我的生命却很长很长。"昙花听了鸡冠花的话并没有说什么。

第二天昙花真的凋谢了，鸡冠花却还健康地活着，它就更加蛮横了。就在这个时候走来两个人，其中一个人对另一个人说："昨晚的昙花是我见过的这个世界上最好看的花，我永远都不会忘记。现在我仍然能回想起那美丽的花瓣，并且感觉我手中仍沾有昨晚的花香。哇，真是太美了！"

鸡冠花听了不服气：连谢了的昙花都能够得到这么好的赞美？可那个赞美昙花的人走到它跟前的时候，不管它摆出多美的姿态，那个人都没有看它一眼。

在营销学名著《影响力》一书中，学者罗伯特·希奥迪尼发表了这样的见解：人们通常会下意识地把一些正面的品质加到外表漂亮的人头上。希奥迪尼的观点体现在经济学领域就是：知名品牌很自然地要被人们赋予光环，并因此吸引更多的资源——人才、资金、市场份额，等等。所以，企业就应该在品牌上下功夫，把品牌营销发挥得淋漓尽致。

将品牌的长远发展作为营销活动的目的

随着我国加入世界贸易组织，经济全球化的步伐正日益临近，国内的企业所面临的市场环境必将变得更为复杂和严峻。而要在如此激烈的市场竞争中占得先机，企业的品牌营销战略就必须适应新的市场形势。

产品竞争通常会经历产量竞争、质量竞争、价格竞争、服务竞争以及品牌竞争等几个阶段。其中前4种竞争是品牌竞争过程的前期，也是品牌竞争的基础。从这方面来讲，若想做好品牌营销，以下几个方面切不可等闲视之：

（1）质量可靠。任何一个具有恒久旺盛生命力的产品，其根源都在于其具有稳定的、可靠的质量。上文也提到了，质量是品牌的基础。倘若产品或服务的质量不能让消费者满意，其优良的品牌形象是无论如何也树立不起来的。

（2）诚信至上。倘若品牌失去了诚信，就必然行之不远。有些百年老店的品牌形象能够历久弥新，而有些红极一时的品牌却常常辉煌不了三五年，其中的原因，除了产品属性和生命周期因素之外，更为重要的是前者脚踏实地、以诚信为本，后者靠华而不实的广告吹嘘和概念炒作起家。时间是检验诚信的标尺。坚持诚信至上，企业以及产品才能在激烈的市场竞争中屹立不倒。

（3）准确定位。营销大师菲利普·科特勒曾说过："市场定位是整个市场营销的灵魂所在。"诚如此言，所有成功的品牌都有一个共同的特征，那就是品牌的功能与消费者的心理需求相适应，并且品牌的定位能将这一信息准确地传达给消费者。市场定位并不是要对产品本身采取什么行动，而是针对现有产品的创造性思维，是对潜在消费者的心理采取的行动。也就是说，企业提炼出对目标顾客最有吸引力的优势竞争点，并通过一定的渠道传达给消费者，使其转化为消费者的心理认识。这是品牌营销的关键环节。

（4）个性鲜明。一个真正品牌的诉求点，一定要在充分体现独特个性的基础上，力求单一和准确。单一可以赢得目标顾客的忠诚度和偏爱，而准确则可以提高品牌的诚信度，成为品牌营销的着力支点。总而言之，个性鲜明的诉求更容易得到消费者的认同，品牌形象也能随之迅速建立起来。

（5）巧妙传播。整合营销传播的先驱之一舒尔茨曾说过，在同质化的市场竞争中，唯有巧妙的传播能够创造差异化的品牌竞争优势。而巧妙的传播却并不容易做到，它和独特的产品设计、合理的表现形式、优秀的广告创意、适当的传播媒体、最佳的投入时机以及完美的促销组合是密不可分的。

惠州雷士的品牌营销

照明电器市场在表面上看来竞争不如彩电、空调等产品那般惨烈，但实际上在内部早已暗流涌动。在这种背景下，国内照明电器巨头惠州雷士积极迎合市场竞争的发展规律，用品牌营销大行其道，取得了令人羡慕的营销业绩。

与一般的商品相比，照明电器有其一些特殊性，其光源类产品应归属于快速消费品类别，而电子灯具类产品则属于耐用工业品。这一特性决定了传统的一店多品牌销售模式不能更专业、更优质地服务于顾客，而且也不利于品牌的建设。雷士很早就意识到了这一点，它开始尝试将家电商品的品牌专卖店嫁接到照明行业中来。经过周密的调查、细致的踩点，雷士将自己的第一家品牌专卖店设在了沈阳。如果说刚开始的时候，雷士还在为是否开专卖店而犹豫不决的话，如今它早已吃下了定心丸。专卖店不仅提升了企业的销售业绩，提升了产品的品牌形象，更重要的是，它为顾客提供了更周到、更专业的服务，赢得了顾客的好评。这正是许多企业梦寐以求而不可得的。尝到了甜头的雷士，在短短几年间，已在全国发展了33个办事处，建立了600余家专卖店。

随着专卖店的遍布全国，雷士的品牌知名度、美誉度以及顾客对品牌的认同度都有大幅提升。靠着自己的努力和执着，靠着自己的实力，雷士赢得了一块金字招牌。回首看看，雷士的成功绝非偶然，其创造的营销模式具有如下特点：其一，制定明确的品牌目标。基于自己的实力以及市场的现实状况，雷士对品牌进行了明确的定位，并提出了"争行业第一、创世界品牌"的品牌目标。其二，强化对加盟商的管理。为保证加盟商的形象、服务等整齐划一，雷士专门建立了科学、完善、细致、周密的管理体系。其三，更多地考虑加盟商的利益。"加盟商的赢利是企业发展的动力"，这是雷士一以贯之的观点。为此，雷士为加盟店提供多种支持，确保其赢利，而加盟商的赢利也为雷士引来了更多的投资。于是雷士品牌便像滚雪球一样，快速扩张起来了。

雷士成功之前，国内照明电器市场虽竞争激烈，但并没有强势的品牌，这正成了雷士发展的一个契机。事实证明，雷士抓住了这个机会，通过专卖店的形式，迅速树立起了良好的品牌形象。同时，雷士利用整合传播将品牌所代表的"光环境专家"的灯饰文化品牌内涵深植人心，实现了预期的营销目标。

品牌定位四步法

品牌定位就是给特定的品牌确定一个适当的市场位置，使其产品在消费者心中占据一个有利的位置。

正确的品牌定位是一切品牌成功的基础。

从前有个工匠，以打制金属装饰品为业。这只是一门很普通的手艺活儿，挣的钱不多。工匠天天在想：怎么样才能靠自己的这点本事赚钱养活家人，还可以很快发财呢？

有一天，工匠出门去办事，碰到一大群人正鸣锣开道，路上的行人都不准随便走动。原来这会儿正赶上皇帝出巡，工匠便和其他人一起站在路边迎候。

皇帝出来郊游，正高高兴兴地四顾欣赏风景，忽然觉得头上什么东西不对劲，伸手一摸：糟了，头上戴的平天冠坏了。现在离宫又这么远，回去也来不及了，这岂不是有损皇帝的威仪吗？急中生智，他只得叫贴身的侍臣问一下路上的百姓有没有会修补平天冠的。听了侍臣的问话，工匠马上从人群里钻出来，恭恭敬敬地说："小人会修。"到底是自己的本行，工匠三下两下就把平天冠修好了。皇帝非常高兴，马上叫左右赏赐给了工匠十分丰厚的财物，比他一年赚的钱还多。

工匠回家路上要经过一座山。在山里他遇到一只老虎，吓得他转身就逃。可他听到老虎的叫声中充满了痛苦，像是在呻吟，就壮着胆子仔细瞧了瞧。只见老虎伸出爪子给工匠看，眼里都是泪水，原来虎爪上扎了一根大竹刺，鲜血直流。工匠说了句"这个好办"，就取出随身携带的工具干起来，不一会儿，就把竹刺给拔出来了。老虎用嘴扯了扯工匠的衣角，示意他不要走开，就跑了。不一会儿，老虎回来了，它衔来一头鹿放在工匠面前，好像是要作为给他的酬谢。工匠高兴地收下了。

回到家里，工匠赶紧叫来妻子说："我们要发财了！我有两个技术，可以马上致富。"说完他将大门上那块"打制金属装饰品"的牌子取下，换上一块"专修平天冠兼拔虎刺"的牌子挂了上去。

寓言中的工匠因为两次偶然的财富机遇，就盲目地将自己的市场定位转向，这显然是错误的决策。有的企业在品牌定位方面也容易犯故事中的错误。

究竟应该怎样进行品牌定位，如何能将品牌定位得更加准确，这是所有有进取心的企业都要直面的问题，而品牌定位四步法不失为解决问题的一把钥匙。

好的定位是品牌成功的基础

定位的概念有两方面的内涵，一方面是在认识自身资源及能力的前提下，在市场上找到适合自身条件的细分市场，然后充分发挥自身的能力去满足目标顾客的需求，实现消费者的期望价值，并在这一过程中实现自有及可支配资源和能力的价值最大化。四象限定位法便是基于这一方面的内涵所提出的。而另一方面的定位，则是指找到那些在面临多种选择时依然坚持选用你所提供的产品或服务的顾客，并努力去更好地满足他们的需求。品牌定位四步法便是在这一内涵的指引下发展起来的一种定位方法。

品牌定位四步法的定义

品牌定位四步法是零点前进咨询公司首先提出的。该公司在人口学、心理学、行为学、市场营销学等基本理论的基础上，提出了分析目标群体、确定目标群体的核心价值需求，并在此基础上把产品或服务品牌符号化，从而提升品牌效果和效率的品牌定位方法。由于该定位方法的实施步骤有4步，分别是确定目标消费人群、确定目标群体所属角色状态、确定目标群体所属的目标角色状态所追求的核心价值、确定可以代表核心价值的符号体系，所以称之为品牌定位四步法，也称为零点品牌定位四步法。

品牌定位四步解析

第一步，确定目标消费人群。

我们可以利用人口学（年龄、性别、教育程度）、心理学（价值观、文化取向）和行为学（消费行为模式、一般行为特征）等的方法来确定目标消费人群。具体来说，主要有3种目标群体选择方式：其一是聚焦策略，即在一群人中找到有共同特征或消费需要的一小群人；其二是组合策略，在一大群人中找到某一个有独特需求的群体，以这一群体为主，再找若干个与这一群体有些微差异但没有实质性需求冲突的群体为辅助群体；其三是链动策略，即对某一消费者施加影响，该消费者再将这种影响传递到其他消费者那里，从而形成链动效应。

第二步，确定目标群体所属的角色状态。

一个人在不同的时间、不同的地点会扮演不同的角色，同一个人在不同的角色背景下会对某种产品的价值、功能有不同的需求。因此，区分消费者的角色状态也是品牌定位的重要一步。一般来说，人的生存状态对其角色的定位有着非常重要的影响。人的生存状态通常有四种：个性化生存、家庭化生存、组织化生存和社会化生存，每一种生存状态都与一种特定的社会关系、社会背景相对应。这些社会关系和社会背景对个人起着约束作用，对一个人扮演的角色也起着重要的影响作用。

第三步，确定目标角色状态所追求的核心价值。

品牌的价值点不是唯一的，我们可以运用定量研究的方法，找出各个价值点之间的联系，绘制出品牌价值张力图。一般来说，品牌价值有两种类型：一是在不同的消费群体中都表现出恒定的价值，这便叫作恒定价值；另一种恰好相反，它在不同的消费群体中表现出来的价值有比较大的区别，叫作活跃价值。如果一种品牌表现出恒定的价值，我们便称这一品牌是老成持重的品牌，相反，我们便称这一品牌是具有活力的品牌。不同的产品需要有不同类型的品牌与之相对应。如果我们需要一个综合性的品牌，就必须把一些恒定的价值和一些活跃的价值组合起来。

第四步，确认可以代表核心价值的符号体系。

企业通常会给品牌设计一个比较抽象的核心价值，比如尊严、自然、自由感、超越等，这些抽象的概念可能不易被消费者所理解。

实际上，消费者通常通过一些具体而形象的符号如语言、图形、物体、色彩、人物等推测品牌的核心价值。因此，为了让消费者更好地理解品牌的核心价值，企业应将复杂的核心价值符号化。另外，人格化也是品牌价值符号体系中不可或缺的重要一环，企业应考虑如何将自己的品牌核心价值人格化。

上述四步联系紧密，相互关联，且每一步都是上一步的递进。只有把每一个环节都做得完美无缺，最终才能得到一个准确、科学的定位。

奶球品牌重新定位

"奶球"是一种糖果的品牌。这种糖果的包装很别致，是一个小巧而精致的黄棕色盒子。购买奶球牌糖果的多是青少年，他们觉得在看电影的时候嚼着奶球牌糖果很带劲。但是作为奶球品牌的拥有者，史维哲·克拉克公司对现有的市场并不满意。客观地说，青少年对糖果的需求有限，这也是奶球牌糖果的销售业绩总是不尽如人意的根源所在。相较而言，糖果对少不更事的儿童更有吸引力。你会发现，这些儿童的嘴里总是含着一颗糖果，对每一种口味的糖果都非常感兴趣。毫无疑问，平均年龄在 10 岁以下的儿童是糖果的最佳消费者。为了吸引最佳消费者，克拉克公司决定对品牌进行重新定位。

选定了目标消费者，克拉克公司开始着手进行消费者心理分析。调查显示，每当接触到有关糖果的信息，这些小朋友们首先想到的是糖棒的概念，比如好时、杏仁乐、银河、雀巢等品牌的糖棒都非常受欢迎。上述这些品牌的知名度和美誉度都是奶球牌糖果所不能望其项背的。这就意味着，克拉克公司若把奶球品牌定位为糖棒形象，即使花费巨额的广告费，也很难在消费者的心目中扎下根。此路不通，克拉克必须寻找其他的突破点。

经过再三的调查分析，克拉克公司的营销人员终于发现了竞争对手的一个弱点：市场上现有的糖棒都很小，不耐吃。比如5元钱一根的好时牌糖棒孩子一般两三分钟就吃完了。这样使贪吃但零用钱并不宽裕的小消费者非常不满，调查人员常常听到这样的抱怨："不是我吃得太快，而是糖棒本来就不大""因为买棒糖，我的零用钱不知不觉就花光了"，小朋友会有这样的经验之谈："告诉你，糖棒千万不能吮吸太快，否则一会儿就没有了。"通过这些充满童趣的话语，小消费者们其实是在传达这样一个信息："我需要耐吃且价格不贵的糖棒。"

针对消费者的需求，克拉克公司很快生产了一种新型的奶球糖，它们被装在盒子里，每盒有15颗糖。小朋友们可以一颗一颗地品尝，也可以分几次把这些美味吃完。毫无疑问，这样一盒奶糖比同等价值的糖棒要耐吃得多。虽然奶球糖不是糖棒，但是小消费者们很快就会发现，奶球糖其实是糖棒不错的替代品。

通过市场调查和分析竞争对手，奶球品牌确定了新的市场定位，但这个定位能否取得最后的成功呢？这还要依赖于接下来的广告宣传。策划人员自然而然地将耐吃作为宣传的重点，在此之前，还从来没有其他的糖果广告侧重于宣传耐吃的特点。奶球牌糖果的广告是这样的：从前有一个小孩，他有一张大嘴（一个小孩站在一张大嘴巴旁边），非常喜欢吃糖棒（小孩一根接一根地把糖棒塞入那张大嘴中），但是糖棒并不耐吃（糖棒很快吃完了，大嘴巴非常生气）。这时候小孩发现了一盒奶球糖（小孩兴奋地举起奶球糖，大嘴巴开始舔它的下颚），大嘴巴爱上了奶球，因为它们耐吃（小孩把奶球糖一颗一颗地滚到大嘴巴的舌头上去）。最后，小孩和大嘴巴合唱了一曲欢快的歌谣："当糖棒变成一段遥远的回忆，你不会有什么留恋，因为你拥有了奶球，现在给你的嘴巴弄一些奶球吧！"这则广告发布以后，奶球牌糖果的销售业绩很快就有了起色，品牌知名度也大大提高了。

找到竞争对手的弱点，使自己的产品更能满足消费者的真实需求，这就是奶球品牌成功定位的秘诀。

品牌价值模型分析法

只有充分了解了品牌的价值构成，才能够培育出具有生命力和吸引力的品牌。

品牌价值内涵的强弱程度，往往决定了消费者对该品牌的忠诚度。

1972年，新加坡的旅游部长曾向李光耀递送了一份报告。报告中说新加坡的旅游资源非常贫乏，没有埃及的金字塔，没有中国的长城，也没有日本的富士山，只有一年到头毒辣的阳光，所以，发展旅游业非常困难。

李光耀看到这个报告非常气愤，他在报告上批了这样一行字："上天不可能眷顾我们太多，充足的阳光已经足够！"

李光耀说得没错，这充足的阳光确实是新加坡的财富。利用这烈烈骄阳，种草养花，美化环境，经过短短几年的努力，新加坡就成为世界上著名的花园城市。更难能可贵的是，这个面积仅有600多平方千米的国家，旅游收入一直位列亚洲前列，一度达到第三位。这让许多幅员辽阔、名胜古迹众多的国家都自叹弗如。

就市场营销而言，品牌对企业的重要性毋庸置疑，而维持和发展品牌形象的前提就在于充分认识品牌的价值，了解品牌价值的构成，并据此采取相应的营销活动。

了解品牌的价值构成

品牌价值模型由零点前进咨询公司所创，该模型试图通过对品牌价值内涵和外延的研究解决如下问题：评估品牌目前的整体实力和健康状况；掌握品牌资产的主要驱动因素以及他们对消费者的重视程度如何；为企业努力增强自身的品牌力量提供指导；预知并应对竞争对手的威胁。

品牌价值内涵是品牌价值的核心要素，它是在品牌长期的发展过程中逐渐积淀下来的，反映了一个品牌的内在价值。一个品牌其价值内涵的强弱程度往往决定了消费者对该品牌的忠诚度。一般来说，品牌价值的内涵包括情感和功能两个层面。

1. 情感层面

品牌价值的情感层面主要体现了消费者对品牌在情感和心理上的感知，这种感知是品牌与消费者建立联系的基础。品牌价值的情感层面又受到以下5个因素的影响：

（1）历史传承。品牌的历史、起源、特色等对消费者感知的影响是不容忽视的。事实上，一个品牌的历史传承正是形成该品牌价值优势的重要因素。

（2）人格特征。品牌价值人格化是品牌符号体系的重要组成部分，这一点在前面已有介绍，不再赘述。这里需要注意的是，不要刻意将这种人格特征与目标消费者的实际特征相一致，而要将这种特征设计成消费者所渴望、所追求的那种形象，比如万宝路香烟中的牛仔气质。

（3）社会文化特征。品牌的社会文化特征是一种超越产品之上的品牌属性，它在价值文化理念的层次上与消费者进行沟通。比如，有的品牌强调自己的环境保护意识，有的品牌关注体育事业等。

（4）个人联系度。品牌与消费者的个人联系度主要由两个指标来体现，一是品牌与消费者的价值趋同程度，二是品牌与消费者个人的相关程度。个人联系度高的品牌会给人以深刻且持续有效的影响。

（5）可感知的价值。优秀的品牌总能给消费者带来独特的价值感，比如信赖感、高贵感、物有所值感、创造性等。

2. 功能层面

一个品牌若想在市场竞争中获得成功，就必须具备持续为市场提供始终如一、高质量、能与任何竞争对手相媲美的产品或服务。这是一个品牌得以自立市场的基本条件，而这也是品牌功能层面的含义所在。对于品牌价值的功能层面，我们可以从下述两个方面来理解：

（1）可感知的质量。可感知的质量包括产品性能、外观等硬性的产品质量和维修、配套服务等软性的产品质量。可感知质量的高低决定了消费者能否接受该品牌。换句话说，只有具备良好的消费者可感知质量的品牌才能够在市场上生存。

（2）功能利益。产品的性能和质量是构成消费者满意的主要因素，尤其是当这些功能恰好能够满足消费者的需求时。

"红旗"品牌价值的挖掘

"红旗"代表着中国的骄傲，代表着激情燃烧的岁月，也曾是尊贵身份的象征。2003年，根据某机构的测算，"红旗"这一品牌价值52.48亿元。然而，在过去相当长的时间里，红旗的品牌价值并没有转化成现实的市场销量。是"红旗"的价值被高估，还是决策者没能使"红旗"发挥其价值？这是一个引人深思的问题。

众所周知，品牌的推广和提升都必须建立在品牌的核心价值之上，核心价值是品牌得以维持和发展的根基所在。因此，要分析"红旗"的品牌价值，首先要明确"红旗"的品牌定位，也即"红旗"是什么？虽然"红旗"是特定历史阶段的产物，但不可否认其核心价值是中华民族精神的浓缩，它代表着时代与奋进、团结与开拓、成就与骄傲。即便是在新时代，"红旗"也应被打造为现代社会的一种精神导向。换句话说，要使"红旗"重新放射出万丈光芒，就必须重视对消费者人性的关注和思考，努力实现附加价值对人性的满足，以期达到震撼心灵的效果。

毫无疑问，"红旗"是最有资格去倡导精神复兴的品牌。它既可以作为某一社会地位和社会阶层的象征，还蕴含着奋斗精神的内涵，不存在因不同市场定位而使品牌形象出现割裂的问题，可兼顾公务车和私人消费。

因此，期望重振雄风的"红旗"，应将核心价值定位为：光荣、奋斗和回馈。在公务车领域，可将核心价值引申为：勤政、爱国和服务社会；而在私人消费领域，则可以宣扬：精英、开拓和回馈社会。"红旗"可将目标消费者锁定为 30 ~ 45 岁的男性。这个人群通常已经通过自己的努力赢得了一定的成绩，沉稳务实、适应时代，内心有一种潜在的对红旗精神的共鸣。

目标消费者锁定以后，就应对这一群体进行深入分析，收集各种有针对性的信息，如人群的分布、阅读偏好、对信息的接收方式等，然后有的放矢。市场推广是接下来要做的事情，市场推广的目标是塑造产品的品牌，树立企业的形象。"红旗"应努力营造积极的销售氛围，将"红旗"品牌形象的立足点从历史转移到文化上来。在广告宣传方面，应着力宣传荣誉与尊严、价值与理性等。

"红旗"作为一种象征性的品牌，有着宝贵的品牌价值。倘若弃置不用，无疑是一种奢侈的浪费。深入挖掘其内涵，则必然会在市场上得到丰厚的回报。

产品与品牌的关系模型

多品牌战略充分尊重了市场差异性。

单品牌战略有利于企业整合、利用优势和资源。

采用组合品牌战略，企业借助自身的强势形象，推广不同的产品。

日化市场上，产品和品牌繁多，消费者的需求偏好各异，竞争十分激烈。为更好地应对这一状况，宝洁采取了多品牌战略，并在洗发水、洗衣粉等市场上大力推行，期望旗下的品牌在各自的市场上都能有很好的表现。

根据消费者需求差异，宝洁准确地对不同品牌的产品功能进行定位。不同的品牌在包装、功能上都强调差异，并拥有独一无二的卖点。结果，宝洁旗下的汰渍、玉兰油、飘柔等品牌的产品分别在各自的市场上占据销售额和市场份额第一的位置，取得了良好的市场效果。

根据日化市场的特点，宝洁公司采取了"一品多牌"营销战略，终获成功。但这并不意味着"一品多牌"战略适合所有的市场，适合所有的企业。除"一品多牌"战略以外，产品与品牌之间的组合还有其他两种类型，可供不同市场、不同类型的企业选用。

选择合适的产品与品牌组合

企业可以对旗下的产品设定一个统一的品牌，或者对每个产品都设定一个独立的品牌，又或者采用折中的办法，以一个强势的品牌做基础，用不同的次级品牌去拓展不同的细分市场。这便是所谓的3种品牌战略，即单品牌战略、多品牌战略和组合品牌战略。现对这3种品牌战略进行详细的分析和介绍。

单品牌战略

单品牌战略的特点主要有以下4点：

（1）产品的目标市场明确，产品的市场形象比较强大，拥有较高的声誉，且深受顾客的信任。

（2）品牌的档次固定，有固定的消费者群以及一定数量忠诚度较高的消费者。

（3）产品线延伸适度，产品涉及领域非常相近。

（4）产品的生产技术具有可延伸性。

单品牌战略的优缺点可以通过下表显示：

单品牌战略的优点	单品牌战略的缺点
充分整合和运用企业的优势以及资源	对市场的差异性重视不够
在成熟品牌的牵引下，新产品的市场推广较为容易	不利于企业实施跨行业多元化战略
企业可在生产中做到集中投入、规模经济	不利于风险的分散，一种产品的失败就会容易影响其他产品
可以利用企业的形象，来强化单个品牌的形象	
可更为有效地利用技术的延伸性	不利于覆盖不同价格段的市场
可强化企业的整体形象，吸引忠诚度高的消费者	

多品牌战略

多品牌战略的特点也有4点：

（1）企业的目标市场非常广阔，且顾客对产品的需求各异。

（2）目标消费者的需求变化较快，企业必须使产品适应这种变化，并制造各种变化，以吸引更多的消费者。

（3）产品升级换代的速度较快，产品线的调整也较为频繁。

（4）目标市场上的竞争对手较多，竞争产品多，替代品多，消费者选择的余地非常大。

多品牌战略的优缺点可见下表：

多品牌战略的优点	多品牌战略的缺点
企业可为不同类别的产品取最适合的名字，进行最精确的定位	分割了企业的整体优势以及历史资源
尊重市场的差异	
有利于提高企业整体的市场占有率	增加了企业产品推广的成本
有利于企业实现对不同价格段的市场的覆盖	新产品在推广初期不能借助成熟品牌的优势，致使市场阻力较大
有利于分散企业生产经营的风险	
有利于企业的产品占领更多的零售面积	不利于品牌忠诚度的建立
可以给低品牌忠诚度的消费者更多的选择机会	

组合品牌战略

组合品牌战略的特点主要有 4 点：

（1）企业将强势品牌定为主品牌，并用多个次级品牌去拓展不同的市场。

（2）主品牌向消费者传达固定品牌的形象，可对次级品牌进行托权。

（3）次级品牌能够吸引主品牌以外的顾客，占据主品牌照顾不到的市场，树立与主品牌相异的形象。

（4）主品牌和次级品牌可根据不同的市场环境，制定不同的定价模式。

组合品牌战略的优缺点见下表：

组合品牌战略的优点	组合品牌战略的缺点
可借助主品牌的强势形象，推广多种不同的产品	系列产品中，有一个产品存在瑕疵，就会影响所有的产品
可帮助消费者区分同一企业的不同产品	
有利于分散企业的生产经营风险	
可用不同的产品去覆盖各价格段的市场	有可能会造成品牌的混淆
可降低品牌开发和推广的成本	
能够有效地避免多品牌所引起的品牌相互影响	

松下公司的品牌组合战略

松下公司以产品的高品质创立了一个令人信任的企业品牌，然后以这一成功的企业形象为背景，设计不同的系列品牌，从而成功地进入了不同的细分市场，并收获了良好的市场效果。松下公司所采用的品牌战略就是典型的品牌组合战略。

松下公司品牌组合战略的内容

从公司创立之始，松下电器以其高品质的产品为松下公司塑造了一个值得信赖的主品牌形象。松下公司在这个主品牌的背景之下，针对不同的细分市场，又创立了不同的产品品牌，如在美国市场上，创立了 Panasonic 品牌，强调富有朝气、极具革命精神的创新形象；在冰箱等产品上沿用 National 品牌，维持其可信赖的、安定的稳重形象；针对高端消费群体，推出了 Technics 品牌，着重宣传其高科技的形象。

针对进一步的细分市场，松下公司设计富于创新的新产品副品牌，以副品牌的活泼形象吸引更多的消费者，例如音响产品中的"飞鸟"副品牌、洗衣机产品中的"涡潮""爱妻号"副品牌、电冰箱产品中的"花束"副品牌和彩电产品中的"画王"副品牌。

一方面，虽然副品牌的名称各异、个性不同，但是它们在进行广告宣传时都强调自己属于"松下"这一名声显赫的家族，借助"松下"的形象来促进销售；另一方面，各个副品牌的成功也进一步加强了"松下"这一主品牌的形象。

松下公司品牌组合战略成功实施的原因分析

（1）先行树立了强大的企业主品牌形象。Panasonic 产品以优质、稳定的表现，为松下公司赢得了强有力的企业品牌形象。这一形象的树立为组合品牌战略的实施奠定了坚实的基础。

（2）各副品牌产品均有较高的质量水平。实施品牌组合战略企业的各种产品在质量上不能有太大的差异，否则就会影响企业主品牌的高品质形象。在这一点上，松下公司做得比较好，各子品牌都继承了主品牌优质的传统。

（3）为不同的细分市场设计不同的品牌形象。不同的细分市场都有着独特的消费需求。针对这些差异化的需求，松下公司设计了不同的副品牌。各副品牌采用不同的品牌档次和定价策略，从而实现了对不同细分市场的覆盖。

第四章

共情营销：
快速实现低成本爆发式销售增长

促销组合策略制定法

营销的成功不仅要有一流的产品、合理的价格、畅通的销售渠道，一流的促销同样必不可少。促销策划已然成为现代营销的关键。

促销可以帮助一个企业区别其产品、说服其购买者，并把更多的信息引入购买决策过程中来。

美国亚图申基的一家百货商店，由于积压了一大批衬衫销售不出去，而让店主感到十分郁闷。一天，店主正在街上闲逛散心，忽然看到前面一个水果摊被人围得水泄不通，只听见摊主在高声吆喝："新鲜的橘子，又大又甜，打折销售，每人限购一斤！"水果摊旁边，立着一个广告牌，上面也赫然写着："每人限购一斤！"店主忽然心有所动。

第二天，百货商店的门前贴了一幅布告，上面写着："本店为让利于新老顾客，特低价销售一批衬衫，每位顾客限购一件！"并嘱咐营业员，凡有顾客要求购买两件以上的，必须经过店主的批准。路上的行人见此广告，纷纷进店购买。柜台前人群重重，挤得水泄不通，上办公室找店主批准的顾客也接踵而至，积压的衬衫很快就销售一空了。

库存积压确实让人感到头疼，受水果摊主的启发，店主实施了限量销售的高招，一举清空了库存。限量销售之所以立竿见影，原因就在于它成功地利用了消费者普遍存在的抢购的心理。其实，限量销售也可视作一种促销方法。而利用顾客的心理，诱使顾客做出购买行为，无疑是促销的目的所在。如今，促销的作用已被人们普遍认同，促销组合的策略也引起了企业的高度重视。

促销组合策略，营销成功与否的关键之一

现代企业仅拥有一流的产品、具有竞争力的价格和畅通的销售渠道还是不足以创造辉煌成绩的，促销策划已成为现代营销的关键。

促销活动的 4 种形式

促销活动包括广告、公共关系、人员促销和销售促进四种类型。在研究 4 种类型的优化组合之前，我们有必要先来简单地了解这 4 种促销形式的定义。

（1）广告。指法人、公民或者其他经济组织为推销商品、服务或者观念，通过各种媒介形式向公众发布的有关信息。大众传播媒介刊播的经济信息和各种服务信息，凡收取费用或者报酬的，均被视为广告。

（2）公共关系。著名公共关系专家格鲁尼各教授给公共关系下的定义为：公共关系是一个组织与相关公众之间的传播管理。

（3）人员促销。即营销人员以促成销售为目的，通过与客户的口头沟通来说服和帮助顾客购买产品或服务的过程。

（4）销售促进。美国市场营销学会对销售促进的定位为：除人员促销、广告和公共关系之外的用以增进消费者购买和交易效益的那些促销活动，如陈列、展览会、规则的非周期性发生的销售努力。

这4种类型各有优缺点，如广告促销具有公开性、普遍性和表现力，但其成本较高，且只能单向沟通；公共关系促销具有可信性、戏剧性和覆盖面广的优点，但见效慢；人员促销具有针对性，人情味、说服力也较强，但其接触的范围有限，且成本高昂；销售促进避免了见效慢的缺点，且具有刺激性，但遗憾的是其作用通常较为短暂。

促销组合策略的类型

通过上文叙述，我们知道无论哪种形式的促销活动都不是尽善尽美的，如果仅开展一种形式的促销活动，势必不能达到预期的促销效果。也正因为如此，现实中很少有单独开展某一类型的营销活动的情形，而通常是运用促销组合，把广告、公共关系、人员促销和销售促进有机结合起来，以期实现更好的整体效果。这种促销组合通常有两种类型：一种是单一促销，一种是整体促销。

单一促销，是指对4种类型的促销策略分别进行策划，使每一类型促销策略的实施都具有相对的完整性和独立性，能够充分发挥各促销策略的特点和优势。当然，这里的单一促销并不是绝对的单一促销，否则也不能被称为促销组合了。各促销策略在实施时，也应在一定程度上考虑与其他促销策略的配合。单一促销策略是整体促销策划的基础。我们可以将整体策划看作是一台机器，而每一种促销策略都是这台机器的重要组成部分，每一种促销策略的实施质量都会影响整个促销策划的质量。

整体促销，是指对广告促销、公共关系促销、销售促进和人员促销进行优化配合，以实现最优的促销效果。这些配合包括：主次配合、主题配合、创意配合、进程配合、媒介配合、内容配合、目标配合等。总之，要将促销策略在战略、策略等各个方面进行有机结合，切忌各自为战、相互割裂。

法国白兰地开发美国市场

长期以来，进入美国市场，一直是法国白兰地生产厂家的一个心愿。白兰地名声在外，按理说这个心愿不应难以实现，然而事实却并非如此。美国在20世纪20年代颁布禁酒法令，把白兰地拒之国门之外。禁酒法令取消以后，第二次世界大战的烽火却已开始在欧洲蔓延，白兰地进军美国市场的雄心壮志被烧成灰烬。第二次世界大战以后，白兰地见时机已经成熟，重新鼓足勇气，决定开拓美国市场。为此，市场策划人员立即着手分析市场形势：虽说美国是世界上最大的市场，但其竞争同样最为激烈。白兰地想在这片新大陆上一炮而红，常规方法似乎指望不上，唯有出奇，方能引起轰动。在这一思路的指导下，策划人员制订了令人拍案的促销方案。

当时，美国总统艾森豪威尔的67岁寿诞在即，策划人员自然而然地将这一事件作为了整个促销方案的突破口。在艾森豪威尔总统寿诞的前一个月，白兰地生产商便通过《美国之音》《时代周刊》等权威媒体向美国人民散布消息：为了表达法国人民对美国人民的情谊，为了向艾森豪威尔总统表达敬意，法国将选赠两桶极为珍贵的、窖藏达67年之久的白兰地酒作为寿诞贺礼。这两桶酒将用专机送往美国，为此，白兰地公司还付出了巨额的保险费，而且装有白兰地酒的酒桶也是法国艺术家的精心之作。

这个消息在美国民众中引起了轰动。人们对此议论纷纷，对那两桶珍贵的白兰地更是翘首以盼。以至于在艾森豪威尔总统寿辰当天，为了观看赠酒仪式的盛况转播，华盛顿居然出现了万人空巷的场面。与此同时，关于白兰地酒的各种新闻报道、专题特写、新闻照片等也都挤满了各大报纸的版面。

就在美国民众津津乐道于赠酒事件的时候，白兰地针对美国市场的独特包装的产品也悄然摆上了各大零售网点的柜台，促销员开始繁忙地应对热情的美国顾客的各种各样的问题。为鼓励美国顾客购买，每一位购买者还将收到来自法国的特殊的礼品。一时间，白兰地成了美国最炙手可热的酒类。

就这样，法国名酒白兰地昂首走上了美国人的餐桌，延续了半个世纪的美国梦终于成真。

广告促销策略

广告是传播商品信息的主要工具，也是消费者作出购买决策的重要依据。

广告是企业竞争的主要手段之一。

1981年9月1日，度完年假重新工作的法国人，发现他们所居住城市的街头到处都贴着一张3米乘4米的巨幅海报。海报上是一位身着三点式泳衣的漂亮女郎，女郎双手叉腰，微笑着望着行人，背后写着两行法文："9月2日，我将把上面脱去。"人们对此付之一笑，但也隐隐地期盼时间快点过去。

9月2日的清晨，早起上班的人经过海报下面，发现"上边"

真的不见了，漂亮的女郎露出健美的胸脯，依然冲着行人甜美地微笑。人们发出会心的微笑，他们看到女郎背后的法文变成了："9月4日，我把下面脱去。"还有漫长的48个小时，真是一个令人煎熬的等待。街上、车间里、酒吧、办公室，整个法国都在窃窃私语，纷纷打探这到底是怎么回事。

9月4日到了，人们迫不及待地张望海报，俏女郎的"下面"果然没有了。只不过这次人们看到的是一个转过身去的女郎，一丝不挂，修长的身躯在朝阳下闪着健康的光芒。后面写着几行字："未来广告公司，说得到，做得到。"

原来如此！在这两天里，几乎整个法国都在关注这张海报，最后他们知道这张海报是未来广告公司出的。名不见经传的未来广告公司一夜之间家喻户晓。

漂亮女郎的海报引起了整个法国的注意，这也使未来广告公司声名鹊起，广告的威力由此可见。作为促销策略之一，引起人们的广泛注意，是广告的重要目标。

让消费者无处可逃

毫不夸张地说，我们生活在一个广告的海洋里，广告无处不在，报纸上、电视里、收音机里、墙上、路上……简直无孔不入。但是什么是广告呢？"现代广告之父"阿伯特·莱斯克曾将其定义为"印在纸上的推销术"，这个定义显然只适用于现代化媒体出现之前的时代。我们可以这样来理解广告：它是一种沟通的手段，是一种以人们的注意和信任为预期回报的投资。

广告的作用

对于广告的作用，我们可以从市场、企业和消费者 3 个层面来进行分析。

（1）从市场层面来看，广告是传播商品信息的主要工具。市场是买卖双方相互联系、相互作用的总表现。而买卖双方的沟通需要依靠商品流通来实现，商品流通由商品交易流通、商品货物流通和商品信息流通 3 部分构成。其中，商品信息流通便主要靠广告信息渠道来传播。

（2）从企业层面来看，广告是企业竞争的主要手段之一。这一点我们可以从企业庞大的广告费用支出上看出端倪。如今"没有广告就没有市场，没有广告就没有名牌"的观念早已深入人心。广告还能够对产品进行恰当的定位，从而为自己争取一定的市场份额。例如七喜汽水在面世之初，面临可口可乐和百事可乐两大超级竞争对手，为在夹缝中求得生存，打出了"七喜——非可乐"的广告，起到了标新立异的作用，为自己"创造"了一个新的市场。结果当年七喜汽水的销售量就提高了 10%。此外，广告还能起到宣传企业文化的作用。比如在当今市场上，许多中国产品在广告中炫耀自己的洋出身或者洋伙伴，而四川长虹却打出了"以产业报国、民族昌盛为己任"的广告语，给人以深刻的印象。

（3）从消费者的角度来看，通过广告，消费者能够了解自己所需要产品的信息，为自己做出购买决策提供依据。

广告的定位

所谓广告的定位，即寻找并宣传商品中有别于竞争对手的特点，在消费者的心中树立该商品的独特形象。广告定位包括：

（1）广告目标定位。广告目标就是指在特定的时期内对特定的观众所完成的特定的传播任务。广告目标的定位要与产品的定位保持一致。比如福特公司对其一款产品的定位是"静悄悄的福特"，于是整个广告活动便围绕"静悄悄"做文章，宣传福特汽车安静舒适、不受噪声干扰的特点。

（2）广告对象定位。广告的发布和传播要考虑到广告的受众，必须使目标受众能够全面地接触到广告。

（3）广告区域的定位。广告区域包括地方性、区域性、全国性以及国际性等类别。不同的类别适用不同的广告覆盖方法，如全面覆盖、渐进覆盖和轮番覆盖等。

（4）广告概念定位。所谓广告概念，特指广告所强调的商品特性、信息传递方法、技巧和具体步骤等。

（5）广告媒体定位。广告媒体的选择，要适合商品的特性，要与目标受众的接受偏好相一致。

万宝路香烟广告

在香烟的王国里，品牌多如牛毛，但万宝路无疑是其中最响亮的名字。即便是在控烟浪潮汹涌澎湃的今天，万宝路依然能够在世界最著名品牌的排行榜中名列前茅。试问：万宝路何以塑造如此响当当的品牌？答案就是广告的威力无限。

万宝路香烟出自世界最大的烟草企业菲利普·莫里斯公司。20世纪20年代，由于一战的冲击，许多青年深感受伤，唯有借助于爵士乐与香烟来驱散这种创伤。时髦女郎们更是及时行乐主义的推波助澜者，她们享受醉生梦死的感觉。在这一背景下，女性烟民的数量激增。为此，莫里斯公司将万宝路香烟定位为女性香烟，并将广告语定为"温和如五月"。然而事实证明，这一定位并不高明，从20世纪20年代一直到20世纪50年代，万宝路始终默默无闻。随着女性烟民的锐减，令男性烟民望而却步的万宝路香烟面临越来越严峻的危机，亟待转型。

这时，一代广告大师李奥·贝纳受托为万宝路做广告策划，他认为万宝路品牌应洗尽铅华，塑造一个男子汉的形象，因此重塑品牌的首要任务就是选择一个具有男子汉气概的形象代言人。起初，李奥·贝纳曾考虑过登山者、马车夫、潜水员、伐木人等形象，最终还是锁定了目光深邃、皮肤粗糙、粗犷豪放的西部牛仔。1954年，万宝路的西部牛仔广告形象面世：牛仔袖管高高卷起，袒露多毛的手臂，指间夹着一支烟雾缭绕的万宝路香烟，胯下骑着高头大马，驰骋在辽阔的美国西部大草原上。广告大获成功，次年便使万宝路跻身全美十大香烟品牌。从此以后，万宝路香烟的销量一路猛蹿，1975年摘下美国卷烟销量的桂冠，20世纪80年代中期更是成为全球烟草行业的领导品牌。

1987年，美国的《福布斯》杂志曾对1546个万宝路香烟的拥趸进行了调查，结果显示，万宝路香烟之所以令如此多的烟民着迷，并不是因为它与其他品牌香烟之间微乎其微的产品上的差异，而在于其广告中所蕴含的男子汉气概令人难以抗拒。叼起万宝路香烟，把自己想象成坚毅的西部牛仔，这让烟民们拥有美妙的满足感和优越感。

销售促进策略

销售促进通过各种短期诱因刺激消费者直接购买本品牌的产品，是决胜售点的"临门一脚"。销售促进可带来短期的销售刺激和市场效果。

烈日炎炎的夏季是西服销售的淡季，为了清空存货，许多商家都采取了销售促进的策略。甲商场也不例外，不仅推出了打折优惠，顾客可凭购物小票参与抽奖活动，另外还雇用了乐队在商场外表演，以吸引过往顾客。商场的举动确实吸引了一些顾客，但大多数的顾客也只是看一看而已，并没有购买的意愿。

这时候，西装的柜台前又来了一位顾客，他在衣架前来回慢慢地浏览，不时地摸一摸、看一看。正在犹豫不决之时，一位店员走了上来，她详细地为顾客介绍产品，介绍商场的促销活动。顾客有些动心了，提出要试一试，但同时又面露嫌热、怕麻烦的表情。聪明的店员马上看出了问题所在，她连忙把西服拿到空调底下吹了吹，然后递给顾客试穿。店员的热情和细心感动了顾客，他爽快地买下了价格不菲的西装。

各种销售促进策略以及店员与顾客的沟通、交流、情感的互动相互结合才能最终促成整个销售促进活动的成功。销售促进是厂商常用的一种销售手段。

商家决胜售点的"临门一脚"

销售促进是指企业利用各种各样的短期诱因，鼓励消费者购买企业的产品或者服务的促销活动。它常以广告、心理诱惑、鼓动消费者来达到短期内提升销售量的目的。

销售促进的类型

促销的诉求对象有3种，即消费者、分销渠道和内部员工。这3种对象便对应了3种销售促进的类型：

（1）面对消费者的销售促进。对消费者进行消费促进主要是为了达到下面一种或者几种目标：①吸引普通消费者加入购买顾客群；②从竞争对手那里争取顾客；③提高现有顾客的购买数量与购买频次；④培养消费者的消费习惯；⑤配合广告活动，提高品牌形象。

（2）面对分销渠道的销售促进。它包括对中间商的销售促进和对零售商的销售促进，目的在于：①促进新产品的销售；②拓宽、深化销售渠道，提高商品的市场占有率；③加强与中间商的联系或者调整双方的关系。

（3）面对企业内部的销售促进。针对企业促销员的销售促进，这样做的好处是：①培养相互竞争的氛围，增强员工的工作积极性；②提升产品的销售业绩，获得更多的促销收益；③提高内部员工的素质，树立企业的良好形象。

销售促进的工具

使用合适的工具，可以使销售促进工作事半功倍。按照销售促进对象的不同可将工具分为以下两类：

1. 针对中间商的销售促进工具

中间商是产品销售通路中的一个重要环节，是企业将产品推向消费者的重要平台。针对他们的销售促进工具有：

（1）合作广告。即由企业出钱，通过合作或者协助的方式与中间商合做广告，一般是通过企业向经销商提供设备来进行各种宣传活动。比如，宝洁公司就经常为经销商提供大电视、音响、投影仪等设备用于产品的销售促进活动。

（2）中间商销售竞赛。企业采用一定的激励手段，鼓励中间商在规定的期限内完成更多的销售额。这样做不仅可以刺激经销商加大进货和分销的力度，还能够加强与中间商的联系。

（3）中间商的培训与教育。企业推出新产品或者改进产品型号、功能时，就有必要对经销商进行培训，进行产品教育，以利于产品的销售和维护。

（4）商业折扣。为促进中间商对产品的购买，企业可在特定的期限给予中间商一定的特价折扣。

（5）企业刊物的发行。企业可定期对中间商发行内部刊物，借此传递企业信息，使经销商了解企业的经营理念、产品动态和经营状况，并保持和加强与经销商的联系。

（6）业务会议。即企业定期举办订货会、产品上市发布会、技术交流会、产品展销会等，并邀请中间商参加，借此传递产品信息、加强双向沟通。

2.针对消费者的销售促进工具

消费者是产品的最终使用对象，是企业的"衣食父母"。企业一切销售促进活动的根本目的就是促进消费者购买。针对消费者的销售促进工具有以下几种：

（1）免费样品派送。当企业有新产品或者改良产品推向市场时，为鼓励消费者试用，提高产品的知名度和美誉度，企业可采用这种方法，从而迅速提高产品的市场覆盖率。

（2）优惠促销。企业通过采取各种形式的活动给予消费者优惠，从而引起消费者的购买欲望。优惠促销主要包括：有奖促销、优惠券促销、退费优惠、集点优惠和会员制促销等 5 种形式。

（3）赠品促销。以免费的诱因来拉近品牌与消费者之间的距离。赠品促销有付费赠品促销和免费赠品促销两种类型。

（4）消费者价格优惠。在商品原价的基础上打折销售，这是一种非常普遍的销售促进工具，是企业开拓市场、获得合理利润的有效手段。

可口可乐的销售促进策略

可口可乐对销售促进活动非常重视，认为广告为消费者提供了购买的理由，而销售促进活动为消费者提供了购买的刺激。它将销售促进活动看作是提高产品的市场占有率和行业渗透的重要手段。

1. 针对消费者的销售促进

面对消费者的销售促进活动，目的在于诱导和促使消费者直接购买本品牌产品，是决胜售点的"临门一脚"。可口可乐的面对消费者的销售促进方法主要有以下几种：

（1）免费品尝。在新产品上市或者产品进入一个新的市场时，免费品尝可以给消费者提供试用产品的时间，有利于提高产品的知名度和美誉度，缩短新产品进入市场的机会。例如，可口可乐的"醒目"系列产品初登陆某市时，在各大商场、超市等人流量大的地方开展免费品尝活动，迅速在消费者心中建立起了鲜明的品牌形象，产生了良好的市场效果。

（2）特价销售。特价销售常在产品销售旺季或者某一特定日期里运用。如 2002 年春节，可口可乐通过超市渠道在某市开展了"限时限量特价销售"活动，即从超市人流量最大的购买高峰时间开始，每天限定 2 个小时的活动时间，针对 PET1.5 升和 2.25 升的系列产品展开特价销售活动，取得了良好的促销效果。

（3）加量不加价。即产品的售价不变，而容量却有所增加，实际上也是一种优惠销售活动。如可口可乐将 1.25 升和 2 升 PET 包装容量的产品分别增加到 1.5 升和 2.5 升，而产品的售价却没有改变。

（4）联合销售促进。即与其他生产厂商或产品的经销商合作，共同进行广告及推广产品的行为。如可口可乐曾与方正电脑合作，共同推出"可口可乐—方正电脑动感互联你我他"的大型联合销售促进活动。在这次活动中，消费者只要购买可口可乐的产品就有机会赢取方正电脑。两大品牌的合作，不仅降低了各自的销售促进成本，还产生了 1+1>2 的倍增效应。此外，可口可乐还曾与多家大型超市联合举办销售促进活动，同样取得了良好的效果。

2. 针对经销商的销售促进

针对经销商的销售促进，即可口可乐针对其分销组织的销售促进活动，主要包括针对批发商和零售商的销售促进活动，其目的在于鼓励经销商更多地进货或者开展某种特别的销售活动。可口可乐针对经销商的销售促进活动，主要采取价格优惠与折扣的方式，在特定的情况下还会给予经销商短期赊销的支持。此外，可口可乐经常举办销售及生动化竞赛、免费旅游、季度抽奖等活动，以提高经销商的积极性。

分销渠道决策法

分销渠道所承担的弥合生产者与消费者之间的空间和信息差距的职能将长期存在。

设计优秀的分销渠道，将会给企业带来竞争优势，成为企业核心竞争力的重要来源。

爱普生公司对渠道的建设非常看重，无论是在国际市场上，抑或是在中国市场上，都是如此。他们认为"得渠道者得天下"，事实上他们也是这么做的。1997年，爱普生在中国市场上硬生生地发展了32家经销商，成功实现了渠道的扩充。到了1998年，爱普生一举将渠道队伍扩充至159家。

1999年，由于市场竞争的日趋激烈，爱普生的产品利润急剧下降。倘若沿用原来的渠道模式，势必会大大压缩零售终端的利润空间，不利于销售通道的稳定。为此，爱普生采取了弱化分销的策略，然而这项策略并不易于实施，对爱普生的要求较高：一方面要求它帮助现有的经销商转型，另一方面加重了爱普生在物流方面的工作。出于对渠道的保护，爱普生排除了各种困难，在上海成立了爱普生上海信息产品有限公司，专门负责物流。同时，爱普生没有停止对渠道的扩张，并坚决推行渠道的扁平化，帮助总代理建立分销平台。此外，爱普生还相继设立了5家办事处，以实现系统地对经销商进行支持，包括对渠道成员进行培训、支持渠道成员举行的各种市场活动等。通过上述举措，爱普生在中国市场建立了强大的销售网络，并最终据此实现了销售上的巨大成功。

爱普生在中国市场上成功，很大程度上应归因于其对渠道建设的重视。它不仅充分尊重中国市场的本土文化，采取了适合本地的渠道策略，还注重对渠道成员的保护，使渠道稳固而有效。"得渠道者得天下"，这句话不仅适用于爱普生公司，所有满怀雄心壮志的企业都应重视渠道策略。

渠道稳固则营销畅通

所谓分销渠道就是指产品由生产者向最终消费者转移的途径或者环节，它是各种中间商以及实体分销机构的集合。分销渠道贯穿整个产品流通的过程，生产者出售产品是渠道的起点，消费者购进产品是渠道的终点。

渠道关系，即生产者与中间商之间的合作关系。按照不同的标准，可将这些关系划分为不同的类型。

1. 按照合作的紧密程度划分

按照生产者与中间商合作的紧密程度划分，可将渠道关系分为合作关系、合伙关系和分销规划3类。这3类合作的紧密程度依次增加。

（1）合作关系。生产者与中间商之间发生一般性的接触，在这种关系中，生产商是主体，它只考虑自身的利润，不考虑分销商的生存状态。当生产者处于强势地位，中间商分散且规模较小时，这种合作关系更为常见。

（2）合伙关系。生产者和中间商之间存在一定程度的互助关系，双方在市场信息、客户资源、技术支持、市场份额等方面开展密切合作，以期达到共赢的效果。在这种关系中，生产者和中间商地位平等，并结成了联盟。

（3）分销规划。生产者和中间商之间关系紧密，往往通过联盟甚至是互相持股的方式来增加对对方的影响力。生产者的营销部门内设有分销规划部，同分销商共同规划营销目标，协商制订促销计划，共同谋划品牌的管理与发展。这种合作关系只有在彼此信任对方、长期合作的前提下才能够结成。

2. 按照合作方式划分

按照企业对渠道的控制程度，可将渠道关系划分为以下 3 种类型：

（1）公司型。即由一家公司拥有并统一管理若干生产企业、批发和零售机构，从而实现控制若干层次甚至是整体分销渠道的垂直管理渠道系统。公司系统有两种形成或者经营系统，一种是由生产企业控制若干家生产单位、商业机构所形成的工商一体化公司系统；另一种是由商业企业所拥有和统一控制若干家生产单位和商业机构所形成的商工一体化经营方式。

（2）管理型。即一些大型的生产企业在管理上处于支配地位的前提下，以不改变渠道内成员所有权关系的方式，建立管理型的垂直渠道系统。在管理型系统的运行中，生产企业负责建立一个统一的管理中心，通过这个中心与分销成员在促销策略、库存管理、定价与成本控制、商品展示、购销活动等方面协商并形成一个统一的规划。此外，为了稳定和发展渠道内各成员之间的合作关系，有必要的话，生产企业还应在资金融通、技术咨询和管理协助等方面给渠道内成员提供帮助和支持。

（3）合同型。合同型系统是指不同层次的生产企业的销售企业，以契约为基础建立的一种关系较为紧密的联营分销系统。这种类型的渠道关系主要有 3 种形式，即特许经营、自愿连锁和零售店合作社。

康师傅的渠道策略

在中国大陆，康师傅堪称食品饮料界的一艘航空母舰。其方便面产品一直稳居"销售量第一"的宝座，且遥遥领先于同类产品，冰红茶、冰绿茶是茶饮料领域内公认的第一品牌，以"3+2"夹心饼为代表的糕饼类产品则保持着第二名的市场占有率。康师傅登陆大陆市场短短十几年间便取得如此成就，这当然与其产品定位准确清晰、广告策划大气、产品领先策略等密不可分，但尤为业内人士所称道的却是其无所不至的渠道策略，也正是其密布城乡的销售网点保证了产品良好的市场占有率。

康师傅的渠道管理

康师傅的渠道主要有两种类型，一种是直营，一种是经销。直营占主导地位，即通过办事处、营业所等机构直接将产品铺向终端。在部分地区采取经销的方式，即通过中间经销商发展终端网点。

与两类渠道相对应，康师傅的业务人员也分为两种，分别是直营业代和经销业代。直营业代又有进一步的细分，有专门负责商场、超市等大卖场的，也有专门负责零售店管理的。而经销业代则主要负责经销商的开发、管理和维护。

合理的组织结构和严密的分工，保证了康师傅渠道管理的高效。每一个销售网点都有专人专职负责，管理起来有条不紊，即便有人员更替，也能迅速接轨。康师傅的渠道管理人员不仅担负着发展新的渠道成员的任务，更重要的是对现有网点的维护和提升。以康师傅负责零售店的业务人员为例，他们平均每天拜访30个零售网点，随身携带的宝贝有两个：一块抹布、一扎海报。一旦发现零售店内的康师傅产品上有灰尘，立即用抹布抹去，并把陈列不齐的产品码放整齐。这些细节动作通常会赢得零售店经营者的好感，而业务员借此便可提出有利于企业的建议，比如在零售店张贴康师傅新广告，将康师傅的产品调整到显眼位置等。此外，只要零售店经营者愿意，康师傅可免费提供漂亮的门头喷绘，当然喷绘中少不了要印有康师傅的广告。

康师傅与经销商的关系

康师傅非常重视与经销商的关系，将经销商视作自己物流环节中的中间仓储中心。当经销商销售不畅时，康师傅会想尽办法帮助经销商进行渠道疏通，如协助投放广告、策划促销活动等。除此之外，康师傅的业务人员会经常性地帮助经销商开发新网点和维护老网点，并按照进货额度和铺货率对经销商进行奖励，激励经销商全力投入，销售更多的产品。久而久之，康师傅持续的付出，换回了经销商的积极性和信心，他们习惯性地销售和主推康师傅产品。

当然，对中间经销商的管理也并不是一味地激励，康师傅在价格等方面的控制非常严格，经销商的活动一旦违背了康师傅的宗旨，必将会受到严厉的惩罚。这一点康师傅绝不手软，即便是经销商退出渠道系统也在所不惜。这样做一方面维护了康师傅产品一贯的形象，另一方面也维护了其他经销商的利益。毫无疑问，康师傅的渠道策略是极为成功的，它所苦心经营的铜墙铁壁般的网络力量常常让竞争对手望洋兴叹。

连锁经营

连锁经营使零售业摆脱了传统形式对其获得规模效益的束缚，使零售业得以更迅速地获取规模效益。

连锁经营把资本运营的大规模要求与零售活动的分散性、个性化特点有机地结合在一起。

一对年轻的夫妇在小镇上开了一家小吃店，只做一些家常菜招待顾客，期望生意所得能维持家用。然而小店的饭菜竟然颇受欢迎，生意越做越大，小店很快成了酒楼。即使如此，还是有顾客排不上号。

生意如此兴隆，夫妇自然开心，但总让顾客排队终归不好。如今酒楼已无法再扩充，怎么办呢？夫妇俩合计了半天，决定再开一家分店，由总店派厨师和掌柜过去打理。分店开张后，生意依旧红火，每月都能向总店上交不菲的利润。夫妇俩见酒店的饭菜如此受顾客欢迎，又陆续开了几家分店。就这样，当初简陋的小吃店，在不算长的时间内，居然遍布全县，成为当地著名的酒楼。

连锁经营，备受瞩目的商业流通形式

连锁经营最早起源于美国，至今已有 130 余年的历史了。世界上第一家连锁店是由纽约市的一家小茶叶店所首创。1859 年，这家小茶叶店作为同一资本的所有者，在全国各地开办了很多自己的分店，施行统一经营和管理，在激烈的市场竞争中，依靠薄利多销、扩大经营规模而获得长足发展。而今，曾经的小茶叶店早已发展成为全美最大的超级连锁市场之一了，它就是大西洋和太平洋茶叶公司（A&P 公司）。

连锁经营的含义及特点

连锁经营，是指经营同类商品或服务的若干企业，以共同进货或者授予特许权等方式联合起来共享规模效益的一种商业组织形式和经营制度。它是在市场经济条件下，适应现代化大流通的一种成功的商业经营模式，也是在社会生产力大发展的背景下，社会大流通对社会化大生产所做出的一种回应。连锁经营所采取的是无差别营销，即统一店名、统一商品、统一进货、统一配送、统一价格、统一宣传、统一管理和核算的一种经营形式。

连锁经营模式的特点主要有以下 3 点：

（1）通常有一个中心和多个远程连锁店，而且每个连锁店都处于不同的区域。

（2）远程连锁店和中心之间需要进行数据交换。例如，每个连锁店每天都要把销售状况、销售额等数据上报给中心，中心在进行数据分析后再以通知的形式进行反馈，并做价格调整等方面的指导。这种数据交换不需要实时通信，只需在必要的时候进行就可以了。

（3）每个连锁店并没有专门的系统管理员进行系统维护，可以说连锁是一种免维护的应用系统。

连锁经营与特许经营的区别

连锁经营和特许经营有许多相似之处，但作为不同的概念，二者之间还是有诸多明显的不同，具体如下表所示：

经营方式	连锁经营	特许经营
定义	公司连锁，同一资本所有，经营同一商品或服务的组织化零售企业集团	特许人和受许人之间是契约关系，特许人提供自己所拥有的商业技术和经营诀窍，而受许人在交纳一定费用后获得使用权
特点	1.总部对分店拥有所有权; 2.分店经理是总部的一名员工	1.核心是特许权的转让; 2.总部与加盟店之间属合同关系
法律关系	分店为总店所拥有，无合同关系	特许人和受许人之间是合同双方当事人的关系
经营范围	一般仅限于流通与服务业	除流通业和服务业外，还广泛地应用于其他行业，如制造业等
发展方式	只需进行详细的市场调查和筹集足够的资金，即可进行规模的扩大	需要吸收独立的商人加入特许经营体系，需要进行受许人选择工作
运作方式	只要有足够的资金和合适的业务类型便可运作	特许人必须开发一整套经营模式或者某项独特的商品、商标等，以将其转让给受许人

7 - Eleven 的连锁之路

日本的 7 — Eleven 公司，是全球最大的连锁便利店，是零售业连锁经营的典型代表。近年来，7 — Eleven 公司加快在全球范围内的扩张。截至 2003 年 7 月 30 日，7 — Eleven 公司在全球共有 25 149

家零售门店，遍布全球的 18 个国家和地区。回顾 7－Eleven 公司的连锁之路，对于国内连锁企业来说，也不无借鉴意义。

如今的日本 7－Eleven 公司，曾经只是美国 7－Eleven 公司的海外连锁加盟公司，是美国 7－Eleven 国际化发展的产物。7－Eleven 公司的前身是南方公司，它于 1927 年创立于美国得州达拉斯市，1946 年因为营业时间加长，从早上 7 点到晚上 11 点，并且一周营业 7 天，而改名为 7－Eleven 公司。20 世纪 60 年代，随着黑咖啡、三明治、热炸面包等方便食品被广大消费者所追捧，便利店这一灵活的业态迅速在美国发展起来。7－Eleven 也就在这一阶段快速发展起来，先后并购了数十家公司，并登上了全美第一大便利店公司的宝座。

20 世纪 60～70 年代，正当美国的 7－Eleven 大举进军欧洲和加拿大市场的时候，日本也迎来了大众消费狂潮。除了原来的百货商店和独立的零售商之外，大型的超市日益成为零售业中的主力军。然日本著名的超市企业创始人——伊藤洋华堂敏锐地嗅出了便利店这一业态的巨大发展前景，决定在便利店领域内大展拳脚。为借助大品牌的影响力，免去创业的艰辛，伊藤洋华堂经过多番努力，于 1973 年 11 月 30 日同美国 7－Eleven 签订了在日本开展便民特许经营的《地域服务与特许契约》。第二年 5 月份，日本的 7－Eleven 的第一家门店在东京开业。从此以后，日本的 7－Eleven 就步入了高速成长期，当年便开设了 15 家门店。

就在日本 7－Eleven 如火如荼发展的时候，美国的 7－Eleven 却走到了命运的十字路口。之所以出现这种情况，只能归咎于美国 7－Eleven 决策者的失误。首先他们在都市市场的开发上遭遇了滑铁卢，接着又失去理性地参与到投机浪潮中，使便利店的竞争优势丧失殆尽。而几乎在同一时间，作为"儿子"的日本 7 — Eleven 却在很短的时间内迅速强大起来，使零售业内其他竞争者为之侧目。1987 年，病入膏肓的美国 7 — Eleven 为了走出困境，不得不将特许契约抵押给租赁公司，而后又于 1989 年向曾经不屑一顾的日本 7 — Eleven 公司恳请有偿转让夏威夷和加拿大的美国 7 — Eleven 店铺。

1992 年，作为加盟者的日本 7 — Eleven 正式当家做主，完全接管了总部的一切工作。随后，在日本 7 — Eleven 的精心管理之下，7 — Eleven 终于焕发第二春，在全球市场上大发神威，1993 年上半年便实现了 339.5 万美元的盈利。1999 年，南方公司正式更名为 7 — Eleven 公司，全球总店数突破了 12 500 家。2000 年，第 2 万家店在日本东京开业，同年在纽约股市交易所重新上市，正式确立起其连锁零售业界一方霸主的地位。

第五章

关系营销：
社交网络时代的营销之道

关系营销

"公司不是在创造购买，而是要建立各种关系。"

"营销就是建立、保持和加强与顾客以及其他合作者的关系，以此使各方面的利益得到满足和融合。这个过程是通过信任和承诺来实现的。"

"关系营销就是获得、建立和维持与产业用户紧密的长期关系。"

从前，猎人打猎是不带猎狗的，因为那时候还没有猎狗。

有一天，一个猎人到森林里去打猎，发现一只受重伤的狼奄奄一息地躺在地上。于是，善良的猎人就把狼背回家，给它治伤，给它换药。这样，狼的伤口就慢慢愈合了。

在和猎人朝夕相处的这段时间里，狼被猎人的善良所征服。身体完全康复以后，狼流着眼泪对猎人说："您对我太好了，我决定永远追随在您身边！"

一开始，猎人并不相信狼的承诺，但还是答应让狼留在自己身边。从此以后，猎人和狼每天一起打猎、一起回家。猎人因狼的帮助而获得了更多的猎物，而狼也有了一个固定而温暖的家，从此再也不用四处流浪了。就这样，这只狼逐渐收敛了野性，变成了一只忠诚的猎狗，永远跟随在猎人身边。

事实上，这个道理同样适用于企业的营销活动——避免从自己的角度出发，与外界相关的个人和组织建立起良好的关系，更有利于企业的长远发展。这种注重建立企业与相关个人和组织间稳固关系的营销方法，就是关系营销。

致力于构建"忠诚"的关系营销

与传统的交易营销相比，关系营销的实质是企业在交易的基础上与各相关个人和组织建立非交易的关系，并以此来保证交易关系的持续、稳定和发展。

从本质上看，关系营销具有如下特征：

（1）双向沟通：关系营销认为，沟通是双向的而非单向的，只有充分地交流和信息共享，才能使企业获得各利益相关者的认同和支持。

（2）合作：通常情况下，有两种关系，一种是对立，一种是合作。只有在合作的前提下，才会有双赢的可能性。

（3）双赢：关系营销希望通过合作增加关系各方的利益，一方获得利益不能以损害他方利益为前提。

（4）亲密：关系能否稳定发展，情感因素具有重要的作用。故而，关系营销不仅重视物质利益上的互惠互利，也要使关系各方获得情感上的满足。

（5）控制：为了掌握关系的动态变化，关系营销要求建立专门的部门去跟踪顾客、供应商、分销商的态度，一旦发现不稳定因素以及影响共赢的因素，能够及时采取有效的应对措施。同时，有效而及时的信息反馈，也有利于企业实时掌握市场的需求，并依此改进产品和营销策略。

马狮百货集团的全面关系营销

马狮百货集团是英国最大跨国零售集团，它在世界各地有200多家连锁店，其"圣米高"品牌的产品在30多个国家畅销。马狮百货集团的盈利能力更为人所称道，它不仅是英国国内盈利能力最强的零售集团，而且若以每平方英尺的销售额计算，在世界所有零售商中，它的盈利能力也是首屈一指。马狮百货集团之所以取得如此巨大的成功，不能不说关系营销在其中起到了重要的作用。

立足顾客"真正需求"，建立与顾客间的稳固关系

关系营销倡导企业与顾客建立一种长期的、稳固的、相互信任的关系。其实质就是要求企业深入研究顾客，竭尽全力满足顾客的真正需求，以达到使顾客满意的结果。马狮百货集团很早就明白了这一点。早在20世纪30年代，当时马狮集团的顾客以普通劳工阶层为主，他们的购买力不是很强，但是却渴望得到质量优越的产品。马狮集团敏锐地意识到这一点，于是，把自己的经营宗旨由"为顾客提供零售服务"转变为"为目标顾客提供其有能力购买的高品质商品"。

虽然准确地把握了顾客的真正需求，找到了与顾客建立良好关系的一个契机，但是，物美而价廉的商品在当时的市场上并不存在。为此，马狮集团建立起自己的设计队伍，与生产厂家合作，一起设计或者重新设计各种产品，然后把生产这些产品的相关标准详细定下来，让制造商依循制造，这样就保证了产品的质量。在生产过程中，马狮集团实行的是以顾客能够接受的价格来确定成本，而不是相反。为此，马狮集团把大量的资金投入产品的设计和开发，通过各种方式降低生产成本和经营成本，而只进行少量的宣传，这样就

保证了高质量产品的价格能够被顾客所承受。

除此之外，马狮集团还采用了"不问因由"的退款政策，使得顾客觉得在马狮集团购物是有保障的，而且对物有所值不抱任何怀疑态度。

通过上述种种方法，马狮集团自然而然地受到了顾客的青睐，不知不觉中就与顾客建立了长期信任的关系，业绩自然也不断攀升。

"同谋共事"，与供应商建立合作关系

作为零售企业，要想有效地满足顾客的需求，供应商的协调配合至关重要。马狮集团把自身与供应商之间的关系视为"同谋共事"的伙伴，并站在对方的角度考虑，努力维护对方的利益。

前面提到，马狮集团为了给顾客提供物美价廉的商品，给供应商指定了详细的生产和采购标准。为了实现这些标准，马狮集团也尽可能地给供应商提供帮助。比如，如果马狮集团用相对其他渠道更为低廉的价格从某个供应商那里采购到商品，就会把节约出来的资金转让给供应商，作为其改善商品品质的投入。这样一来，在价格不变的情况下，商品的品质得到了保证和提高，从而吸引更多的顾客来购买。销量的增加使马狮集团和供应商都得到了实际利益，从而进一步稳固了伙伴关系。

我们可以从马狮集团与供应商合作时间的长度上看出这种关系的稳定程度：最早与马狮集团建立合作关系的供应商，至今合作关系已经维持了一个多世纪；合作关系超过50年的企业也有60家以上，超过30年的则不少于100家。

真心关怀，与员工建立良好的关系

无论什么企业，内部关系的好坏都将直接影响发展。马狮集团

全能营销

向来把员工看作是最可宝贵的资产，认为员工是企业获得成功的关键因素。马狮集团把建立与员工的相互信赖关系、激发员工的工作热情和潜力作为管理的重要任务。在人事管理上，马狮集团不仅为员工提供周详的培训、平等而优厚的福利待遇，更重要的是做到了真心关心每一位员工。比如，一位员工的父亲突然在美国病逝，第二天，公司就给他订好了赴美的机票，更给了他足够的善后费用；一位女员工未婚先孕，另外还要照顾老母亲，以至于持续两年没有上班，公司仍然照常发工资给她等。

马狮集团把关心员工作为公司的重要原则，不因管理层的更替而有所变化。这种对员工真心的关怀，自然也换回了员工热情的回报，这是马狮集团取得巨大成功的最稳固的基石。

顾客价值确定法

顾客价值的确定是市场机会分析的核心内容。

顾客价值的确定，可促使企业对最终消费者市场进行定义。

一家广告公司招聘创意总监，月薪 15 万元，还不包括红利和奖金，吸引了众多广告精英前来应聘，李先生也是其中之一。

广告公司考查应聘者的题目只有一道，就是在一张考卷上画一些或者写一些东西，然后扔到街道上，看哪一张考卷会引起行人的注意。

这个简单的题目当然难不倒广告精英，他们马上投入创作之中。有的在考卷上写上了深情款款的诗句，有的画了有趣的漫画，有的则画上了裸体美人，也有的把考卷折成了漂亮的纸艺品。李先生也不动声色地完成了自己的考卷。

所有广告精英都把自己的考卷扔了下去。激动人心的时刻到来了，有的人捡起了漫画，有的人对诗句情有独钟，但更多的人纷纷争抢李先生的考卷。成绩一目了然，李先生最终被聘用了。

事后，有人好奇地问李先生："你究竟在考卷上做了什么？"李先生笑着说："其实很简单，我只是在考卷上贴了3张100元的钞票！"

广告精英们知道大众喜欢什么和需要什么，而李先生则知道大众最喜欢什么和最需要什么，所以他成功了。同样的道理，企业若想取得更好的销售业绩，实现营销目标，首先就是要对顾客进行全方位的分析和评价，了解消费者的需求，了解消费者最需要的是什么。而这正是顾客价值定位所要做的。

了解顾客的真正需求

20世纪90年代，顾客价值的概念首先被提出来。随着企业实践中市场竞争的不断加剧和对相关理论发展的总结和借鉴，已经形成了较充分的顾客价值理论。

一般来说，顾客价值定位法的流程为：

（1）明确顾客价值维度。顾客想要满足的需求或者想要获得的价值，就是顾客的价值维度。通常顾客的价值维度有许多个。比如，对于一部轿车而言，顾客想要获得价值包括："代步""使用经济""有面子""空间大""音响配置高"等。对于某种特定的产品，企业只有首先明确顾客对该产品的期望，才能有针对性地去迎合顾

全能营销

客的需求。

（2）选择有战略意义的顾客价值维度。顾客越来越挑剔，对产品各方面的要求越来越严格，这也使得顾客价值维度越来越多、越来越复杂。企业不可能去迎合所有的顾客价值维度。事实上，也并不是所有的顾客价值维度都能够对顾客的购买行为、满意度等产生决定性的影响。因此，企业从众多的顾客价值维度中选择出具有战略意义的一个或几个，着重去迎合这些顾客价值维度，以使消费者产生企业想要的反应。比如，对于一个想购车用于交际的顾客而言，"有面子"这个价值维度无疑是具有决定性的影响力的。为此，企业向顾客推荐外观气派、内部设施豪华的车型，这必定会使消费者感到满意。

（3）预测顾客价值维度的变化。对于企业来说，还有一个不好的消息：顾客的价值维度并不是一成不变的，实际上顾客价值维度的变化无时无刻不在发生。前两个步骤只能够帮助企业认识和确定静态的顾客价值维度，而要更好地迎合顾客的价值维度，则需要企业主动去预测顾客价值维度的变化。

（4）评估顾客的满意程度。通过认真地履行上述3个步骤，相信企业对顾客的价值维度会有一个全面的理解。但是光理解顾客的价值维度是不够的，这并不能保证顾客会感到满意。评估顾客价值满意度，有利于企业及时发现价值交付过程中所出现的问题。如果顾客感到满意，就表明企业对顾客价值的理解和支付都是正确的；如果顾客不满意，企业需要考虑是否调整顾客价值交付战略，或者对顾客价值维度的理解是否存在偏差。

（5）分析顾客价值交付问题。企业如发现价值交付过程中存在问题，就有必要进一步地分析，以找到问题的根源。

肯德基先输后赢

20世纪70年代，伴随着经济的快速发展，香港人的生活方式也发生了巨大的变化。人们的生活节奏越来越快，外出就餐的机会越来越多。而此时，香港的快餐业还只是一般的小吃，如大排档、粥面店等，1973年以前还没有一家美国快餐连锁店。肯德基很快发现了这一空白的市场，决定大举进入。

1973年6月，肯德基在香港的第一家连锁店在美孚新屯开业。此后肯德基疯狂地扩张，几乎每个月都有若干家新的连锁店开张。为了配合这股扩张浪潮，肯德基公司开展了声势浩大的宣传攻势，通过各种媒体大做广告，并采用该公司在世界各地广泛采用的广告语"好味到舔手指"。凭借铺天盖地的广告攻势和新鲜劲儿，肯德基的连锁店还着实风光过一阵子，许多香港人都乐意尝尝鼎鼎大名的"家乡鸡"。然而，就在肯德基的管理者眉开眼笑的时候，形势急转直下。仅仅过了3个月，肯德基连锁店已经冷清得门可罗雀了，多家店铺被迫关闭，仅有4家店还在苦苦支撑危局。1975年2月，肯德基在香港的连锁店宣告全军覆灭。

肯德基在世界各地已发展了数千家连锁店，所到之处都深受当地人们欢迎，为什么偏偏在中国香港遭此厄运呢？香港人并不保守，乐于尝试新鲜事物，而且鸡也向来是中国人爱吃的食物。实际上，肯德基有此遭遇，原因无他，只因为没有对香港本地的情况进行深入的调查分析，没有准确地把握香港人的真正需求。总之一句话：是顾客价值确定出现了问题。具体原因主要有这样几点：首先，肯德基的"好味到舔手指"的广告语就不易被中国人所接受。在中国人看来，舔手指是肮脏的行为，即便味道再好，也绝不能舔手指。因此人们隐隐然对这个广告产生了反感。其次，"家乡鸡"的味道和价格也与香港人的需求有所差异。"家乡鸡"虽用香港当地的鸡源，但喂养方式却是美国式的，这种用鱼肉喂养出来的鸡破坏了中国鸡的特有口味。另外，"家乡鸡"的价格也不是一般香港民众所能承受的。此外，美国式的服务也注定不能被香港人接受。肯德基在香港的连锁店沿用了美国的服务方式，为顾客提供打包服务，店内通常不设座位。而中国人通常喜欢三三两两在店内边吃边聊天的。如此看来，肯德基在香港遭遇滑铁卢也不难理解了。

转眼10年过去了，肯德基凭借在马来西亚、新加坡、泰国等国家积累的经验，决定杀回中国香港市场。他们吸取上次失败的惨痛教训，认真分析香港人的需求特点，并为此制定周密的营销策略。1986年9月，肯德基在香港开设了第一家新连锁店。这次进军不再像上次那样冒失，大约半年才又开设了新的分店，主打广告语变为更有港味的"甘香鲜美之口味"；店面的营业面积扩大了，设置了座椅。针对香港市民的价格承受能力，虽然"家乡鸡"仍以较高的溢价出售，但薯条、粟米等食品均以较低的竞争性价格出售，这样就分开了档次，形成了特色。

经过这样的营销战略调整，肯德基很快在香港流行起来，新老分店的总数在几年间发展至近千家，在香港快餐业中已经能够与麦当劳、汉堡包、必胜客等平起平坐了。

服务质量差距评估法

服务质量负差距会导致顾客抱怨，若抱怨得不到妥善的处理，可能会造成顾客的流失，最终使企业的收入减少、利润下降。

企业可分析自身 5 种服务差距的现状，找到弥补这些差距的策略和方法，以期从根本上提高顾客的满意度。

农夫想给他的小女儿买一匹小马，甲、乙两个马商各有一匹小马让农夫中意。农夫从各个方面比较，都觉得这两匹小马相差无几。

甲商人的小马售价 500 元，付钱之后可以立即牵走。乙商人的小马售价 750 元，不过他告诉农夫，在做决定前可以让小女儿试骑一个月，农夫可以把小马牵回家。在试骑期内，由他负责小马的草料；除此之外，他还会派出驯马师每周一次上门指导农夫和农夫的小女儿如何喂养和照顾小马。一个月之后，若农夫对小马不满意，他会上门将小马牵走，并把马房打扫干净。

农夫想了想，决定让小女儿试骑乙商人的小马。在此后的一个月内，乙商人兑现了自己的承诺，他负责照料小马，并派驯马师教小女儿养马和骑马。转眼一个月过去了，农夫的小女儿已经和小马难分难舍，于是她留下了这匹小马。

乙商人的小马没有什么特别之处，价格却要比竞争对手的小马高出 50%，但最终乙商人却与农夫做成了交易。可以看出，服务在其中起到了至关重要的作用，是乙商人提供的服务让顾客满意，而且通过服务与农夫建立起了良好的关系。服务很重要，有时候它会超越产品质量、价格等，成为消费者选购商品时首先考虑的因素。

服务质量差距，顾客流失的重要原因

美国市场营销协会在一项研究中发现，一家企业平均每年流失
10%～30%的顾客，其中因对产品质量不满所导致的顾客流失仅占
14%，而因服务质量因素所导致的顾客流失却占到了68%。根据这
些数据，你可以认为这些顾客的流失主要应归因于产品质量和服务
质量方面的缺陷。而从深层次上来看，顾客流失的主要原因是服务
质量差距的存在。

所谓服务质量差距是指顾客服务期望与服务感知之间的差距。
这种差距是由服务管理过程不完善而造成的，具体来说，是由管理
者认识上的差距、服务质量规范的差距、服务交互的差距以及市场
沟通的差距共同作用的结果。服务质量差距模型便将上述5种差距
作为构成要素：

（1）顾客期望与顾客感知间的差距。这种差距由其他4种差距
的大小和方向所决定。该差距与其他4种差距的关系如下图所示：

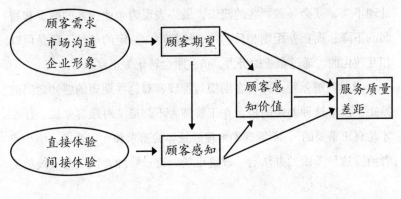

通过上图，我们可以清楚地看到顾客期望与顾客感知间的差距模型由 4 个变量所组成，即顾客期望、顾客感知、顾客感知价值和服务质量差距。其中顾客期望受到顾客需求、市场沟通、企业形象等因素的影响，是产生服务质量差距的一个必要条件。顾客感知则受到顾客直接体验和顾客间接体验等因素的影响，是产生服务质量差距的另一个必要条件。顾客感知价值主要由价格质量比、质量价格比和比较感知价值 3 部分组成。所谓价格质量比，是顾客在某一价格水平的基础上，对服务质量的理性思考和把握；质量价格比，是顾客站在特定服务质量的基础上，对服务价格的理性思考和把握；而比较感知价值是顾客将自己的感知价值与其他顾客的感知价值相比较后得到的结果。顾客感知价值是产生服务质量差距的一个重要条件。服务质量差距是一个结果变量，由上述 3 个变量相互影响、相互作用所决定。

顾客的服务期望与服务感知间的差距有 3 种类型，即负差距、零差距和正差距。负差距是指顾客感知服务价值小于顾客期望服务价值的状态，以此类推，零差距和正差距也不难理解。这 3 种差距会导致不同的结果，如负差距有可能会导致顾客的抱怨，顾客抱怨处理不当，就会导致顾客的流失，最终表现为企业收入的减少和利润的下降；而正差距则相反。这 3 种差距在一定的条件下还是可以相互转化的，通过企业的努力，负差距会转化为正差距。

（2）理解差距。即顾客期望与管理者对这些期望的感知之间的差距。产生这种差距的根源在于管理者不知道“对顾客来说，什么才是真正重要的”，不能准确地理解顾客的需求和优先要求。缩小或者消除这种差距的办法有：改进市场调查；管理者积极与一线员工交流；减少管理层次，缩短与顾客的距离等。

（3）程序差距。即管理者虽然理解了顾客的需求，但没有设计和制定一个能够满足顾客需求的服务质量目标以及将这些目标转化成行动的步骤和标准。出现程序差距的根源在于管理者的意识不到位，管理者认为满足顾客的期望是不可能的，所以没有给予服务质量充分的支持。企业只要设定服务质量目标，并将服务传递工作标准化，便可缩小这一差距。

（4）服务绩效差距。有时企业已为满足顾客需求和优先要求制定了具体而有效的措施，但因员工的训练不当或者纪律不严明，导致实际服务过程没有达到预期的目标。为弥补这一差距，企业应严格对员工的招聘、强化对员工的训练、优化工作设计等。

（5）促销的差距。即企业实际传递的服务与其许诺的服务之间的质量差距。这可能是因为企业在对外宣传时提出了过度的承诺，而且没有与一线的服务人员达成共识。这种差距的存在会导致顾客对企业失去信心。

3 家航空公司的服务质量差距比较

航空公司是为顾客提供服务的组织，其服务水平的高低主要取决于安全性、正点程度、价格、机型、空姐仪表等五大因素。现在我们随意选取 A、B、C3 家航空公司，就这五大要素来进行服务质量差距的比较。

（1）测定 3 家航空公司的感知服务质量。分别对 3 家航空公司的五大要素进行打分，具体分数如下表所示：

	A	B	C	权重
安全性	90	95	75	0.5
正点程度	95	85	90	0.2
价格	85	70	95	0.1
机型	85	90	70	0.1
空姐仪表	95	85	85	0.1

然后，根据上表测定的数值，计算 A、B、C 3 家航空公司的顾客感知服务质量总值。具体计算如下：

A=90×0.5+95×0.2+85×0.1+85×0.1+95×0.1=90.5

B=95×0.5+85×0.2+70×0.1+90×0.1+85×0.1=89

C=75×0.5+90×0.2+95×0.1+70×0.1+85×0.1=80.5

（2）测定 3 家航空公司的顾客预期质量。具体测定分数如下表：

	A	B	C	权重
安全性	95	95	90	0.5
正点程度	95	95	95	0.2
价格	90	85	95	0.1
机型	95	95	80	0.1
空姐仪表	95	90	90	0.1

具体计算如下：

A=95×0.5+95×0.2+90×0.1+95×0.1+95×0.1=94.5

B=95×0.5+95×0.2+85×0.1+95×0.1+90×0.1=93.5

$$C=90 \times 0.5+95 \times 0.2+95 \times 0.1+80 \times 0.1+90 \times 0.1=90.5$$

（3）测定服务质量差距。计算公式为：服务质量差距 = 顾客预期质量 – 顾客感知质量。计算得出：

$$A=94.5-90.5=4$$

$$B=93.5-89=4.5$$

$$C=90.5-80.5=10$$

通过计算发现，C 公司的服务质量差距最大，预期服务质量和感知服务质量均低于 A 公司，说明该公司的服务水平亟待提高。反之，A 公司的服务水平受到消费者认同，且实际上也表现得较为出色，故 A 的服务质量是 3 家航空公司中最优的。

营销预警

营销预警管理已然成为现代企业管理不可或缺的组成部分。

"凡事预则立，不预则废"，只有做好营销预警，才能更从容地面对风云变幻的市场环境。

在 2006 年的德国足球世界杯上，德国队和阿根廷队在 1/4 决赛中相遇。两支传统强队在 90 分钟的常规时间内战成 1∶1 平，30 分钟的加时两队均未获得进球，比赛进入了残酷的点球大战。

在点球大战开始前，德国队的守门员教练科普克把一张字条交给了守门员莱曼。而莱曼在每一位阿根廷球员罚点球的时候，都看了一眼这张字条。特别是在阿根廷第四个出场的球员坎比亚索射门前，莱曼站在门线上掏出字条仔细看了看，然后把字条重新掖到球袜里。接下来的一幕，几乎让所有德国的球迷疯狂。莱曼判断准确，神勇地扑出了坎比亚索的射门，同时也将德国队送进了世界杯四强。这张神秘的字条，上面到底写了什么呢？

一家德国媒体把真相公布于世。原来，这张字条上写着：克鲁兹——长距离助跑，右上角；阿亚拉——注意他的射门腿，左下角；罗德里格斯——大力抽射右边；坎比亚索——短距离助跑，左上角。令人叹服的是，这张字条上所写的与实际情况完全一样。正是凭借这张字条和莱曼的神勇表现，德国队才得以进入世界杯四强。

商战一如球赛，企业不能寄希望于事到临头的随机应变，而更应未雨绸缪。"凡事预则立，不预则废"，只有做好营销预警，才能更从容地面对风云变幻的市场环境。

市场风云变幻，时刻保持警惕

营销风险一般包括外因型营销风险和内因型营销风险。所谓外因型营销风险就是指由企业的外部经营环境所引发的营销风险，可分为竞争对手风险、供应商风险、消费者风险和第三方风险4个类别；而内因型营销风险是指企业的营销组织管理风险，按其形式可以分为三大类别：企业营销组织管理结构风险、企业营销组织运行风险和营销组织行为人风险。

上述种种风险的存在，必然会对企业营销手段、营销方式、营销策略产生巨大的影响。因而营销预警管理已然成为现代企业管理不可或缺的组成部分。

营销预警系统的方法体系由预警信息系统、预测系统、预警指标体系、预警准则、预控对策系统方法所组成。

（1）预警信息系统方法。营销预警管理的关键就是信息的收集和处理，因此，建立完善的、灵敏的预警信息系统是实施预警管理的重中之重。预警信息是原始信息向征兆信息转换的结果，信息的处理方法和转换方法在这个过程中起到至关重要的作用。所谓的原始信息，包括企业营销的历史信息和即时信息，包括国内信息和国际信息，包括与企业营销活动相关的各种经济、政治、文化、科学、人口等信息。为了收集和分析这些信息，企业应有强大的信息网和信息处理系统。其中，信息网的作用就是大量地收集各方面的信息，而信息处理系统的任务就是对各种信息进行甄别、分析和简化，从而提炼出征兆信息。

（2）预测系统的方法。预测系统就是对未来进行预测，其主要任务包括：对现有信息的发展趋势进行预测、对各因素之间的相互影响进行预测、对征兆信息会引发的可能结果进行预测。

（3）预警指标体系的方法。预警指标体系的任务是使信息得以定量化、条理化和可操作化。预警指标体系应注意选择敏感指标和主要指标，以便能更真实地反映企业所面临的内外部环境。

（4）预警准则的方法。预警准则的任务是在不同的情况下，判断是否应该发出警报以及发出何种程度的警报。预警准则的设置标准应注意把握适度，不可太松，亦不能太严。太松则有可能漏掉了该报的警报，从而削弱了预警的作用；太严，则有可能会出现发出不该发出的警报的情况，即所谓的误警。误警会使企业虚惊一场，而频繁的误警则会让企业对预警系统失去信心。

（5）预控对策系统的方法。要事先准备好应对各种风险的对策和对策思路，当得到风险警报的时候，则应根据警报信息的类型、性质和警报的程度来选择相应的对策。预控对策系统中的对策大多是提示性的、思路性的，旨在帮助企业在提示之下去寻找更为具体的实施方案。

"铱星计划"——神话的破灭

1987年，摩托罗拉构思了雄心勃勃的"铱星计划"，这实际上是由摩托罗拉公司所设计的一个全球移动通信系统。这个系统的天上部分由7条卫星轨道组成，每条轨道上排列11颗人造卫星，组成一个完整的星座。由于这个系统如同化学元素铱的构成（原子核外有77颗卫星绕其运转），因此被称为铱星。后来，经进一步的测算，发现不需建立7条轨道，只需6条就足够了，但仍习惯性地称为铱星。"铱星计划"最终付诸实施，并投入了实际市场运作。摩托罗拉希望这个计划能给自己带来巨额的财富，但实际上它几乎成为史上最令人震撼的失败，摩托罗拉为此付出了超过100亿美元的代价！

如今，美丽而虚幻的"铱星"早已灰飞烟灭，回首其造梦的全过程，不得不说这一切其实从一开始就注定要失败。无论是什么使摩托罗拉蒙住了眼睛，都不能不说这是摩托罗拉营销预警的一次重大失败！我们可从以下几个方面来分析其失败的原因：

对市场发展前景缺乏预见

铱星公司对移动通信市场发展前景严重缺乏预见是导致其破产的最根本原因。铱星公司只知道付出巨大的代价可为顾客提供完美的服务，却不知实际上完全可以采取更为经济的做法。在铱星公司成立之初，恐怕谁也不会想到，给铱星致命一击的会是那毫不起眼的蜂窝电话通信技术。

蜂窝电话起步于1982年，到1987年"铱星计划"提出时，它在全球的普及率还不足10%。当时受蜂窝电话建站所限，其覆盖面积十分有限，这种状况进一步坚定了摩托罗拉发展"铱星计划"的信心。然而，蜂窝电话后来的发展速度却令所有低轨卫星通信厂商跌破眼镜。1992年蜂窝电话的普及率超过了25%，2000年数字又被提升为45%。这样一来，给"铱星"剩下的市场只有那些极度偏僻的地区了。相较而言，铱星7美元/分钟的资费更是让人们望而却步。另外，由于通信距离比蜂窝电话长得多，因此其通话质量也得不到切实的保证，加之卫星通信领域的竞争也非常激烈，这些因素综合起来，最终导致铱星在其短暂的运营期间仅仅发展了6万顾客。这距其60万用户的保本经营尚且相去甚远，更遑论盈利了。

财务预算出现巨额偏差

铱星系统刚投入商业运营时也曾颇为风光，耗资1亿美元的广告宣传使其风头一时无两。随后，铱星公司的股票开始疯长，在短时间内，就由20美元上升至70美元。铱星系统尤其被科学界看好，1998年美国的《大众科学》杂志将其评为当年全球最佳产品之一。

然而这表面的风光并不能掩盖其内部的虚空，50多亿美元的研发和系统建设投入以及每年数亿美元的系统维护费，使铱星公司从一开始就面临财务窘境。除却摩托罗拉等公司的投资和发行股票募集的资金，铱星公司还举借了高达 30 亿美元的债务，每月光利息支出就高达 4000 多万美元。由于迟迟得不到预期的市场回报，铱星公司常常不能如期偿还债务。债务方恼羞成怒，终于于 1999 年 8 月，向法院提出迫使铱星公司破产改组的申请。同一天，铱星公司也向法院申请破产保护。2000 年 3 月，背负 40 多亿美元债务的铱星公司黯然宣布破产。

铱星公司的财务危机从一开始便势不可当，苦苦支撑了十几个月之后轰然倒塌。倘若能早料到今日，恐怕没有人会对其进行巨额投资了。财务预算的偏差也是导致这幕悲剧的重要原因。

除上述两大原因之外，铱星公司在服务以及市场运作方面的失误也是灾难性的。比如，铱星公司在投入商业运营之初，没能立即向零售网点提供铱星电话机，错过了吸引消费者购买的最佳时机等。

"铱星计划"从一个美丽而朦胧的神话最终演变为现实的惨剧，这其中凸显的是营销预警缺失的可怕。惨痛的教训告诫后来者：营销预警不可偏废！

第六章

新媒体营销：
把消费者当作传播者的营销新思维

网络营销

互联网是功能极其强大的营销工具，可为渠道、促销、客服、市场调研等营销活动提供强有力的支持。其具备的一对一营销的强大能力也顺应了定制营销和直效行销的发展趋势。

网络营销目的在于使客户达到高层次的满意，逐渐增加公司年收入、扩大市场占有率，加强对本公司品牌的长期忠诚，降低保修费用。

一天，高先生和儿子在家里闲聊，不知怎的就谈到了龟兔赛跑。高先生感叹道："做事还是要踏实一点，否则就算你能力再强，也只能接受失败的结局。"17岁的儿子听了，一脸不屑地说："爸爸，难道你还相信这个荒诞的故事吗？就算是在兔子睡觉的时候，乌龟赢了比赛，也必定是短距离的赛跑。你想，如果改成马拉松赛跑，乌龟还赢得了吗？只怕等兔子睡醒后，精神百倍，轻而易举地就赶上了慢腾腾的乌龟。"

高先生听了，没好气地说："这不过是一个寓言故事。照你这么说，乌龟永远没有胜算了？"

儿子摇摇头，道："也不能这么绝对。比如人与鸟比飞行，人比得了吗？但是人发明了飞机，这可比鸟飞行得快多了！"

"噢，这么说来，应该给乌龟配一辆跑车喽！"高先生调侃道。

"怎么不行，这毕竟是工具的时代啊！懂得利用工具才能抢得先机呀！爸爸，您高中上数学课的时候，能用计算机吗？"

"那时候还没有，再说了，就算有也不能用啊！那不算真本事呀！"

"嘿！你这观念太陈旧了。现在已经是太空竞争的时代了，你不用超级电脑能行吗？如今早已不是半部《论语》治天下的时代了，谁懂得利用工具，谁才是最终的赢家啊！"

听了儿子的话，高先生若有所思。"如此说来，龟兔赛跑的故事应该改成：兔子一开始就拼命地跑，片刻都不敢耽搁。而乌龟呢，却不慌不忙地打了一个电话。不一会儿，乌龟订租的车子送过来了。乌龟驾驶着汽车不一会儿就赶超了兔子。"

"这才对呀！"儿子叫道。父子俩相视而笑。

"君子性非异也，善假于物也。"网络技术的出现，深刻地改变了市场营销，网络营销的理论应运而生。如何利用最先进的科学技术、如何实施网络营销早已成为现代企业所面临的一项重要课题。

利用新技术开展营销工作

网络营销就是以国际互联网络为基础，利用数字化的信息和网络媒体的交互性来辅助营销目标实现的一种新型的市场营销方式。威柏认为网络营销最直观的认识就是以客户为中心，以网络为导向，为实现企业目的而进行的一系列企业活动。

1. 广义的网络营销

网络营销概念的同义词包括：网上营销、互联网营销、在线营销、网路行销等。这些词汇说的都是同一个意思，笼统地说，网络营销就是以互联网为主要手段开展的营销活动。

网络营销具有很强的实践性特征，从实践中发现网络营销的一般方法和规律，比空洞的理论讨论更有实际意义。因此，如何定义网络营销其实并不是最重要的，关键是要理解网络营销的真正意义和目的，也就是充分认识互联网这种新的营销环境，利用各种互联网工具为企业营销活动提供有效的支持。这也是为什么在网络营销研究中必须重视网络营销实用方法的原因。

2. 狭义的网络营销

狭义的网络营销是指组织或个人基于开放便捷的互联网络，对产品、服务所做的一系列经营活动，从而达到满足组织或个人需求的全过程。网络营销是一种新型的商业营销模式。

3. 网络营销的通俗定义

以互联网为手段开展的营销活动，即以互联网为工具营造销售氛围的活动。

网络营销作为一种新型营销方法，之所以深受众多企业的青睐，皆源于它有着传统营销方法所不能比拟的优势和特点。

（1）经济性。通过互联网进行信息的交换，代替了传统的实物交换，一方面节约了印刷和邮递、店面销售的成本；另一方面，也可以避免因多次运回所造成的物品的磨损。

（2）整合性。一方面，企业在互联网络上提供从寄送商品信息至收款、售后服务等一条龙的服务，因此互联网也是一种全程的营销渠道；另一方面，企业还可以利用互联网把不同的传播营销活动进行统一的规划和设计，避免因在不同传播途径中的信息不一致所产生的消极影响。

（3）交互式。企业通过互联网可以方便地和消费者进行双向沟通，可以展示商品目录，可以连接资料库为消费者提供商品信息查询的服务，可以收集市场情报，可以做市场调查和消费者满意度调查；此外，互联网还是企业产品设计、商品信息发布以及服务的最佳工具。

（4）技术性。网络营销的基础是以高技术为支撑的互联网。因此，企业实行网络营销必定要有一定的技术投入和技术支持。

（5）高效性。电脑可以存储大量的信息，其可传递的信息数量和精准度都远非其他媒体所能企及。此外，它还能顺应市场的需求，及时更新产品或者调整价格，从而更为有效地了解并满足顾客的需求。

通用电气的网络营销

美国通用电气公司的网站于1996年开通，该网站基于B2C运作模式（即商业机构对消费者的电子商务）建立，以6～8种的主导电器为主要促销对象；重点争取25%的新增家庭，同时兼顾其他以添置或者替换个别产品为主的顾客。

在经过多次总体结构调整以后，该网站现在已发展成为包括在线销售、在线设计、在线咨询与服务等业务在内的大型电子商务网站，还曾被安盛、GG等著名研究机构誉为"最成功的电子商务网站"之一。网站的站铭"我们将美好的事物带给生活"真正体现了该网站的主题。

主题反映网络营销的策略

通用电气网站早期的主页中心是一幅享受天伦之乐的祖孙的画面，在其下方是一些孜孜不倦的科学家进行科学实验的画面。

两幅画面形成强烈的对比。网页上虽然没有推出任何"最新产品"或者"超级功能"的链接，但洋溢的亲情却早已让顾客倍感其乐融融了。

通用电气这种在商不言商的手法，体现了公司的营销思路，同时也将通用电气的经营理念升华到了关爱全人类的高度。

"亲情"主题为通用电气网站带来旺盛的人气，也带来了巨大的经济和名誉收益。后来，网站的主页进行了改版和调整，有了"GE业务""小企业服务方案""工业解决方案""家庭解决方案""个人理财咨询""公司信息"和"全球联系"等七大栏目，同时建立了多种分类检索引擎，以帮助顾客便捷地进入各链接区。从网站的这次改版中可以看出通用公司的网络营销策略发生了改变，已从初期的"吸引更多顾客"向"更好地服务顾客"转化，网络营销的主题也由"亲情营销"转向"互动营销"。

利用网络构建新的营销环境

通用电气网站在明确了网站应争取25%的新建家庭、主推6～8种产品，同时兼顾其他顾客的营销思路之后，在网站上建立了"家庭解决方案"栏目，并以图文并茂的形式展现出来，使消费者在有了整体的概念之后再选购产品。由于新建家庭大多是高学历、高收入的上网一族，他们除了追求产品的功能以外，还注重家用电器与房屋的整体协调性，强调电器的布置能反映出主人的品位和身份。因此，通用电气推出的"家庭解决方案"一栏颇受消费者的欢迎。

通用电气网站在产品介绍中使用了大量的虚拟场景手法，向顾客推荐整体解决方案，使顾客能够身临其境地自由挑选。但大多数顾客可能不会全盘接受某套设计，他们可能会接受其中某一部分的设计，其他部分则更愿意自己改进。但是，这些改进一般只能存在于顾客的脑海中，无法从网上直接看到效果。为了方便顾客，更为了了解顾客的真正需求，网站在某些产品的栏目中设置了"顾客设计中心"，允许顾客在一定程度上参与到方案的设计中来，从而更好地实现了与消费者的互动。

网站的精确营销体系

通用电气公司研究发现，公司若想提高所有家电产品的整体销售率，除了要力争新建家庭外，重点应建立一般顾客对其产品的重购率。因此，寻找有重购意愿的顾客是问题的关键所在。为此，通用电气公司实施了精准化营销体系。精准营销体系的首要目标就是找对顾客、找准顾客，然后利用各种手段发展与顾客的关系；其次，该体系还要在维持与客户良好关系的基础上，了解顾客现在所使用的家电产品、对产品的满意度及重购电器的意愿等。有了这些资料，公司就可以介入，采用各种手段以增强客户购买电器的意愿。

但是，利用传统的方法建立精准化营销体系显然是很难实现的。而 Internet 的出现使企业同任何人在任何时间和任何地点的联系成为可能，从而也使得企业更容易洞察客户的数量和价值特性，更深入地了解潜在客户的偏好或者需求上的各种差异，从而为企业的个性化服务打下了基础。

通用电气用了十多年的时间，经过电话、电子邮箱乃至 www 网的演进，才开发出了对现行和潜在每个客户进行动态管理的网络营销系统。这个营销系统的建立也最终使通用电气公司获得了巨大的收益。

整合营销传播

整合营销是在产品趋于同质化、市场营销手段相互模仿、市场趋于饱和、消费者难辨优劣的背景下，企业实现差异化营销的有效手段。

整合营销传播不仅影响受传播者的行为，更会鼓励他们做出某种形式的行为反应，推动其产生购买行为。

传说很早以前，在冀州的南面、河阳的北面有两座大山，一座叫太行山，一座叫王屋山，山高万丈，方圆有七百里。

在山的北面，住着一位叫愚公的老汉，年纪快 90 岁了。他家的大门正对着这两座大山，出门办事得绕着走，很不方便。愚公下定决心要把这两座大山挖掉。

有一天，他召集了全家老小，对他们说："这两座大山，挡住了我们的出路。咱们大家一起努力，把它挖掉，开出一条直通豫州的大道，你们看好不好？"

大家都很赞同，只有他的妻子提出了疑问。她说："像太行、王屋这么高大的山，挖出来的那些石头、泥土往哪里送呢？"

大家说："这好办，把泥土、石块扔到渤海边上就行了！再多也不愁没地方堆。"

第二天天刚亮，愚公就带领全家老小开始挖山。

他的邻居是个寡妇，她有一个七八岁的小儿子，刚刚换完乳牙，也蹦蹦跳跳地前来帮忙。

大家干得很起劲，一年四季很少回家休息。

黄河边上住着一个老汉，这人很精明，人们管他叫智叟。他看到愚公他们一年到头辛辛苦苦地挖山运土不止，觉得很可笑，就去劝告愚公："你这个人可真傻，这么大岁数了，还能活几天？即使用尽你的力气，也拔不了山上的几根草，怎么能搬动这么大的山呢？"

愚公深深地叹口气说："我看你这人自以为聪明，其实是顽固不化，还不如寡妇和小孩呢！不错，我是老了，活不了几年了。可是，我死了还有儿子，儿子又生孙子，孙子又生儿子；子子孙孙，世世代代，一直传下去，是无穷无尽的。可是这两座山却不会再长高了，我们为什么不能把它们挖平呢？"听了这些话，那个自以为聪明的智叟再也无话可说了。

山神知道了这件事，害怕愚公一直挖下去，就去向上帝报告。老愚公的精神把上帝感动了，他就派两个大力神下凡把两座大山背走，一座放到朔方东边，一座放到雍州南边。从此以后，冀州的南面、汉水的北面，就没有高山阻挡了。

愚公移山的故事很适合于整合营销传播。整合营销传播就是通过广告、公关、促销等多种手段向目标对象持续不断地传递单一信息。它告诉我们，整合营销传播要求的是长期的多渠道的信息传递，而不仅仅是一段时间的广告宣传，它需要我们有愚公移山的精神，坚持不懈地进行传播。

通过各种途径与消费者沟通

整合营销传播（Integrate Marketing Communications, 缩写为 IMC）起源于 20 世纪 90 年代的美国，其内涵是："以消费者为核心重新调整企业行为和市场行为，综合协调各种形式的传播方式，用统一的目标和统一的传播形象传递一致的产品信息，实现企业与消费者的双向沟通，从而使得产品品牌迅速地树立起其在消费者心中的地位，使产品品牌与消费者之间建立起长期密切的关系，更有效地达到广告传播和产品行销的目的。"

整合营销传播是一整套新的营销方法和营销模式，是在产品趋于同质化、市场营销手段相互模仿、市场趋于饱和、消费者难辨优劣的背景下企业实现差异化营销的有效手段。具体做法上，主要是企业通过与消费者进行有效的沟通，以满足消费者的需求为价值取向，确定企业统一的促销策略；同时，协调使用各种不同的传播手段，发挥不同传播工具的优势，以较低的成本形成强大的宣传攻势和促销高潮。

雅克 V9 的整合营销传播

在中国竞争激烈的糖果行业中，福建雅克集团无论是在知名度还是销售额上都不处于具有极强竞争力的行列。河南金丝猴、上海喔喔和南京冠生园等知名企业牢牢占据着市场的大部分份额。然而2003 年，雅克集团不仅开创了维生素糖果的概念，还在短时间内创造了令人瞠目结舌的销售奇迹，在糖果行业内掀起了一股热潮；同时，也将人们的关注焦点聚集到雅克集团的整合营销传播策略之上。

产品和市场分析

2003 年肆虐的非典过后，人们开始注重营养的补充，尤其推崇以维生素的补充来提高自身的免疫力，"补充维生素、提高免疫力"

的理念日益深入人心。雅克集团通过大量的市场调研后，结合市场状况和自身的资源优势，把目标放在了维生素糖果市场上。

是时，雅克集团旗下的产品有好合、伯尔巧克力、滋宝维生素糖果等众多品种，却一直没有一个能够带动整个品牌销售和传播推广的核心品种。此次，雅克集团进军维生素糖果市场无疑为解决这一问题提供了良好的契机。然而"滋宝维生素糖果"副品牌命名不利于整个品牌的销售和推广。经仔细研究后，雅克集团决定采用"雅克 V9"来代替"滋宝"的命名。雅克 V9 以简洁明了的方式向消费者传达了补充多种维生素的理念。除此之外，雅克还在产品的包装上采取了独特的策略，以橙色为主体色再加上明星效应，为拉动终端销售提供了保障。

整合营销传播的实施

作为一种新的糖果品类，雅克先从概念深入入手，采用大密度广告形式迅速建立起品牌知名度，拉动市场需求。为了实现最佳的广告效果和营销业绩，并积累深厚的品牌资源，雅克集团在进行了充分的消费者特征分析后，制定了"高空影视轰炸＋平面及网络软文灌输＋地铁灯箱、写字楼、车体及高尚社区电梯间广告＋POP 及终端陈列＋事件活动＋网络游戏＋锁定终端拦截"的传播组合策略。

1. 电视广告

2003 年 8 月，极富冲击力和感染力的雅克 V9 广告在中央电视台的黄金时段强势推出。在接下来的投放策略中，雅克集团始终坚持"选择央视、集中投放"的策略，并连续在央视创造了 3 个脉冲式的高峰。雅克集团耗资 3 亿元进行广告轰炸取得了良好的效果，使消费者心目中形成了"雅克"是维生素糖果第一品牌甚至是糖果第一品牌的暗示，同时还制造了高度的声音门槛，阻止了竞争对手的跟进。

2. 平面及网络软文

在产品正式上市前，雅克集团利用大量的软文培养大众的维生素糖果概念，同时利用报纸这一大众性媒体，对雅克 V9 的代言人及代言费用进行热烈宣传，吸引人们的注意。雅克 V9 电视广告在央视大幅投放后，雅克则在终端利用软文向大众进行功能介绍和核心品牌价值的宣传。

3. 提醒式广告

为了配合央视电视广告的轰炸，迅速提升认知度和影响力，雅克制作和推出了各种提醒式广告。车体、灯箱、写字楼、社区等凡是能利用到的媒体都有雅克 V9 的宣传，让消费者"无处可逃"！

4. 锁定终端拦截

在终端拦截上，雅克还为拦截对象设计了有趣的游戏。这不仅吸引了消费者的注意，还创造了与消费者互动的机会。而且这种游戏还可以在网络上玩，利用网络媒体的互动带动了整体的传播和销售。

5. 事件 + 活动

当宣传热度达到高峰后，雅克举行了超大规模的新品派发品尝会，将宣传推向了更高峰；在零售终端上，则利用各种精美的 POP 和活动来吸引消费者的主意。

总而言之，雅克 V9 是 2003 年糖果行业的一匹黑马。它首先发现了维生素糖果这一市场空白，并通过整合各种传播媒介实行了立体的、全方位的宣传和推广，以惊人的速度创造了销售奇迹。

全能营销

直销

对于无力承担庞大的广告和促销费用的公司来说，直销为它们提供了另一条销售管道。

直销强化了经济体系中的零售通路架构，同时也使消费者能够更为便利地接触到高品质的产品。

戴尔还是一个小学生的时候，一次无意中在报纸上看到了一则广告："只要您通过本中心的一次考试，您就能直接获得高中毕业证书。"这个广告让小戴尔欣喜若狂。如果能免去漫长的学习时间，不用学那么多无聊的课程，也不用看那些老师傲慢的嘴脸，只要通过一个测试就能获得高中毕业证书，这实在是太棒了！

小戴尔按捺住心中的狂喜，立即按照广告上留下的电话号码拨打了过去。考试中心的人请小戴尔去填写申请资料，然而当他们见到这位少不更事的顾客时，顿时哭笑不得，只得将他劝退。

虽然直接高中毕业的想法遭遇了挫折，但是在小戴尔的心中，一个大胆的想法却已开始潜滋暗长，那就是：为什么我们不能省掉那些天经地义的中间环节，直接一步到位呢？凭借这个念头，戴尔在18岁的时候就开创了直销的奇迹，引起了世人的震惊。

"省掉天经地义的中间环节"，这就是直销的基本思想。将产品直接送到消费者的手中，免去经销商、批发商、零售商等中间环节，这种与传统营销模式迥然相异的营销方法在营销史上占有重要的地位。

与消费者零距离沟通

美国直销教育基金会曾在 1992 年对直销下过定义，其认为直销就是"一种通过人员接触、不在固定的商业地点、主要在家里进行的消费性产品或者服务的配销方式"。在理解这个定义时，我们尤其要注意其中的两个要点：其一是面对面销售，换句话说，我们可以把直销理解为人与人之间面对面沟通的过程，这是直销与直效行销的最大不同之处。直效行销通常采用邮寄商品目录、直接相应广告、网络行销等方式来进行产品或者服务的销售，而没有人员之间面对面接触的形式。其二是不在固定的商业地点，这种特性使直销与一般零售店的销售区别开来，实际上直销也是一种无店铺销售方式。

直销的含义与优点

直销指的是一种不通过中间商直接将产品送至消费者手中的营销形式。从这一方面来讲，凡是销售人员直接把产品卖给消费者抑或者是生产者直接经营的零售商店都可被算在直销的范畴之内。

作为一种历史较为悠久的营销方式，直销有着许多独特的优点：

（1）更具弹性。直销可以不受时间和空间的限制，随买卖双方之便，可在任何时刻、任何地点进行。

（2）收获更多、质量更高的信息。直销推崇面对面的沟通，在这些沟通中，销售人员可调动身上的所有感觉细胞去收集顾客信息；同时，顾客通常也乐于向销售人员说出自己的需求，寄希望于销售人员能够满足自己的期望。毫无疑问，这样有利于直销商提升所获信息的数量和质量。

（3）充分实践关系营销的理念。直销商致力于和顾客建立长久稳固的关系，提高顾客对品牌的忠诚度，通过现有顾客的不断重复购买来维持稳定的销售业绩。在本质上，直销是对关系营销理念的充分实践。

此外，直销还为消费者提供了多种便利性的服务，如送货上门、真人示范并做产品说明、提供产品满意保证等。直销为拥有传统零售商没有的创新或者特殊产品或者无力承担高昂宣传费用的企业提供了一种销售渠道，同时也为消费者提供了便利的高品质产品的来源渠道。

直销产品的特点

研究表明，适合采用直销渠道销售的产品通常具有这样 3 个特点：差异性、需要示范说明、必须重复购买。知名直销公司所销售的产品通常都至少具有其中两个特点。如美国的一项调查显示，消费者愿意通过直销购买的产品中排名比较靠前的有：美容保养品、厨房用品及容器、玩具和手工制品、保险、参考书和百科全书、营养食品等，这些产品无一例外地具有上述 3 个特点中的一个或者几个。另外，还有调查显示，购买直销产品的消费者多为女性，较为年轻，且受教育程度和收入都比较高。

安利（中国）的直销模式

安利是一家具有近半个世纪历史的直销公司，其日用消费品行销世界 80 多个国家和地区。1995 年，安利进入中国市场时，期望能够复制其在国际市场上已经发展成熟的销售模式。然而，就在众多国际性直销公司进入中国的同时，一些打着直销旗号的金字塔诈骗公司也趁势而入。它们的产品以次充好，大力发展下线以牟取暴利，引起了人们极大的愤慨，甚至一度把直销也视为必须除去的毒瘤。最终，考虑到中国巨大的市场以及现实的状况，安利不得不放弃一直坚持的销售模式，转而采用"店铺＋推销员"的具有中国特色的直销模式。

安利（中国）"店铺＋推销员"的销售模式是这样的：首先，安利的销售渠道开始尝试多元化的发展，在保持庞大的营业代表之外，尝试开设和经营超市和柜台式的专卖店，允许经销商利用自己的零售渠道销售安利产品。更有甚者，2001年9月，安利在上海浦东的第一八佰伴新世纪商厦开设了雅姿美容专柜。尝试多元化的销售渠道，这已经淡化了直销的特征。其次，在直销员管理方面，安利按照自愿的原则，将一部分的销售人员归入自己的员工范畴，由遍布全国的数十家店铺来对其进行管理，同时要求所有产品进入店铺，对所有产品进行明码标价，从而规避了由直销员自行定价所带来的问题。

安利（中国）销售模式的转型并没有对业绩起到立竿见影的影响，为此安利开始进行产品的调价和加强对销售人员的激励。自1999年4月开始，安利产品的平均调价幅度达到了30%，部分产品的价格调整幅度甚至高达40%；同时，降低了直销员的底薪，增加了销售提成率，激励销售人员更专心地销售产品。这些举措犹如一剂强心剂，1999年底安利（中国）的销售额比上一年度增长了近100%。然而这并不能让安利（中国）感到满足，毕竟与前期巨大的投入相比，这样的业绩并不显得十分突出。为实现进一步的飞跃，安利（中国）决定引入新的产品，于是护肤品牌雅姿和营养食品品牌纽崔莱先后登陆中国。

在新产品的宣传推广方式上，安利（中国）也突破了安利传统的营销模式。1999年，从没做过广告的安利宣布赞助中国奥运代表团，其新产品纽崔莱成为代表团唯一的专用营养食品；2001年1月，安利（中国）确定由奥运明星伏明霞作为其营养食品的品牌代言人。接着，安利开始在中央电视台做广告。

安利（中国）的销售模式，与传统的直销模式已经大相径庭。为了适应中国市场，安利已经极大地淡化了其在国际市场上所保持的特质。当然，中国市场没有辜负安利的转变。1998年，安利（中国）的销售额为3.2亿元人民币，而到了2001年，这个数字已经跃升为24亿元人民币。从这一角度来说，安利（中国）的直销模式无疑是成功的。

一对一营销

企业通过与顾客一对一的交流，了解每一位顾客的需求，为顾客提供有针对性的服务，通常更能令消费者感到满意，有利于企业营销目标的实现。

一对一营销为顾客提供定制化的产品，目的是建立起顾客忠诚度。它所追求的通常不是市场占有率，而是顾客占有率。

浙江有一家小餐馆，总是顾客盈门，其中有很多都是回头客。小店并不见豪华，似乎也没有什么特殊之处，生意何以如此红火？有人不解，便向店主人请教。店主人只说了5个字："听口音炒菜。"

询问者不以为然，以为老板有所保留。于是老板详说道："不同地方的客人有不同的口味，只有顺应顾客的口味，才能让顾客满意。而通过客人的口音，就能八九不离十地猜出客人的籍贯。比如同样是烧鳊鱼，对山东口音的人，要注重酱香，最好再加上一些大葱；对于江西口音的人，则要注意在汤汁中多放一些辣椒干；对于苏杭口音的人，要注意把菜做得甜、咸、酸。所以，不论是什么地方的客人，都能在小店里吃到可口的饭菜，而且他们吃完后通常还会问上一句：'这个厨师是我们家乡的吧？'"

询问者恍然大悟。

根据消费者的需求特点提供有针对性的产品和服务，这正是小店成功的秘诀，也是一对一营销的精髓所在。

满足消费者的个性需求

20世纪80年代以来，随着社会经济的发展和人们生活水平的提高，市场需求呈现出了多样化和个性化的特征，于是一对一营销也应运而生了。一对一营销认为，随着收入水平逐步提高，人们需求的差异化将变得更加明显。企业若要更好地满足顾客的需求并赢得顾客的忠诚度，个性化的定制营销将是一个不错的选择。

一对一营销的内容

一对一营销是指企业通过与每一位顾客进行一对一的沟通、了解并把握每一位顾客的独特需求，并用有针对性的方式去满足客户，进而实现企业利益的过程。

一对一营销通过量身定做的方式建立起顾客的忠诚度，它所强调的重点并不是市场占有率，而是顾客占有率。强调市场占有率的营销方法，把产品视为营销活动的核心，目标是把同一种产品销售给市场上尽可能多的顾客；而强调顾客占有率的一对一营销，将顾客视为营销活动的中心，希望能够把更多的产品和服务卖给同一个顾客。这一点是一对一营销与传统的营销方式的最大不同点。

一对一营销不仅要求企业及其营销人员要有牢固的服务理念和可靠的专业技能，还需要企业必须具备良好的信息收集和处理能力、人际沟通能力和协调能力，能够游刃有余地识别、追踪、记录个体消费者的个性化需求，并与其保持长期的互动关系，最终能够运用针对性的营销策略组合去满足消费者的需求。

一对一营销的特点

一对一营销的目的就是为顾客提供最快捷、最周到的服务。在一次交易的过程中，顾客重复陈述的信息或需求越少，就说明这次交易的质量越高。一对一营销的特点主要有以下几点：

（1）一对一营销对顾客的信息了解得非常详细，同样顾客对企业的营销人员通常也非常了解。

（2）一对一营销针对每一个单独的个人展开营销活动，且每发掘一个客户都要开展一次营销活动。

（3）一对一营销对每一个顾客都是单独进行营销，顾客的需求信息具有隐私性。

（4）一对一营销对每一个顾客所开展的营销活动可能不尽相同。

戴尔的一对一营销

与众多的经销商合作，建立庞大的销售渠道，这是计算机最常见的销售方式。这种营销方式看起来无坚不摧，事实上也使得许多计算机制造厂商获得了巨大的成功。然而戴尔公司却没有套用这一销售模式，而是另辟蹊径地采取了一对一营销的方式，结果在业界成就了一段辉煌的传奇。现在我们就来分析一下戴尔电脑营销模式的成功之处。

"按需定制"的营销模式

"按需定制"是戴尔营销模式的精华所在，也是其与传统营销模式的最大不同之处。在传统的计算机营销模式中，产品的各项性能以及配置都是完全由生产厂家设计和制定的，消费者只能从中挑选出最为接近自己需求的产品。而戴尔却反其道而行之，让顾客真正成为市场的主角，将顾客的需求放在第一位，按照顾客的需求来制造产品。

戴尔将"按照顾客要求定制电脑、满足消费者个性化的需求"作为自己的营销理念。在这一理念的指导下，它绕过了分销商等传统价值链中的中间环节，直接面对消费者，在消费者需求的指导下制造产品，然后再把产品直接送到消费者手中。在传统的营销模式下，产品制造出来后放在货架上待售，往往产品尚未销售出去，新的电脑部件就已经推出，老部件价格下降，这样便不利于产品以最新的技术和较低的价格去满足消费者的需求。而"按需定制"的营销模式却避免了这一弊端。戴尔直接按照顾客的订单及时组装产品，几天之内便可将产品送至顾客手中，既保证了部件的更新，又能有效地降低价格。

功能强大的电子商务模式

戴尔之所以敢于采用"按需定制"的营销模式,成熟的信息技术和互联网技术是不可忽视的前提条件。戴尔公司在其电子商务网站 www.dell.com 的设计中,将市场、销售、订货系统乃至服务与支持系统都链入与消费者互动的平台中来,从而实现了与消费者面对面、全方位的接触。

戴尔的电子商务网站极大地满足了顾客的需要,也使公司的运转更为快捷和高效,产生了更大的效益。这一网站的设计任务是:更准确快捷地了解顾客的需求,有计划的组织生产;提供一对一的销售服务、网上查询和预订;降低公司的库存,提高库存周转次数;网上故障诊断和技术支持;降低公司的运营成本。

细致周到的一对一服务

戴尔公司为顾客提供电话订购一对一咨询服务,了解顾客购买产品的意图,据此为其选择最合适的机型,并为用户建立详细的档案;产品的价格完全公开,顾客可以通过网站或免费电话下单;产品直接送至消费者手中,质量能够得到切实保证。

至于售后服务,戴尔的客户中心有精通多种语言的技术支持工程师,可直接通过电话或者网络对产品故障进行诊断,成功率高达75% 以上。如果在电话和网络中不能排除故障,戴尔会迅速地派出上门服务人员,务必在最短的时间内使用户的计算机恢复正常。毫无疑问,卓越的售后服务也为戴尔一对一营销的成功实施提供了强有力的支持。

戴尔通过一对一的营销方式,深入地了解了顾客的需求,完美地解决了客户个性化需求与高质量之间的矛盾。与其说戴尔提供的是计算机，还不如说它提供的是一种特殊的服务。这种服务使戴尔的产品能够满足不同的客户，使客户离不开戴尔。

一对一营销的优缺点

与传统的营销方式相比，一对一营销主要具有以下优点：

（1）能极大地满足消费者的个性化需求，提高企业的竞争力。

（2）以销定产，减少了库存积压。传统的营销模式中，企业通过追求规模经济，努力降低单位产品的成本和扩大产量来实现利润最大化。这在卖方市场中当然是很有竞争力的。但随着买方市场的形成，这种大规模的生产产品品种的雷同，必然导致产品的滞销和积压，造成资源的闲置和浪费，一对一营销则很好地避免了这一点。因为这时企业是根据顾客的实际订单来生产，真正实现了以需定产，因而几乎没有库存积压，这大大加快了企业资金的周转速度，同时也减少了社会资源的浪费。

（3）有利于促进企业的不断发展，创新是企业永葆活力的重要因素。但创新必须与市场及顾客的需求相结合，否则将不利于企业的竞争与发展。传统的营销模式中，企业的研发人员通过市场调查与分析来挖掘新的市场需求，继而推出新产品。这种方法受研究人员能力的制约，很容易被错误的调查结果所误导。

而在一对一营销中，顾客可直接参与产品的设计，企业也根据顾客的意见直接改进产品，从而达到产品、技术上的创新，并能始终与顾客的需求保持一致，从而促进企业的不断发展。

当然，一对一营销也并非十全十美，它也有其不利的一面。

（1）由于一对一营销将每一位顾客视作一个单独的细分市场，这固然可使每一个顾客按其不同的需求和特征得到有区别的对待，使企业更好地服务于顾客。但另一方面也将导致市场营销工作的复杂化、经营成本的增加以及经营风险的加大。

（2）技术的进步和信息的快速传播，使产品的差异日趋淡化，今日的特殊产品及服务，到明天则可能就大众化了。产品、服务独特性的长期维护工作因而变得极为不易。

"一对一营销"不仅要求营销人员面对顾客时要时刻保持态度热情，更重要的是，它要求营销人员能识别、追踪、记录并最终能满足个体消费者的个性化需求。所以，"一对一营销"的基础是企业与顾客建立起一种新型的学习关系，即通过与顾客的一次次接触而不断增加对顾客的了解。利用学习关系，企业可以根据顾客提出的要求以及对顾客的了解，生产和提供完全符合单个顾客特定需要的顾客化产品或服务，最后即使竞争者也进行"一对一"的关系营销，你的顾客也不会轻易离开，因为他还要再花很多的时间和精力才能使竞争者对他有同样程度的了解。

方法实施要点

实施一对一营销的步骤

企业可以通过下述 4 个步骤来实现对产品或服务的一对一营销：

（1）识别企业顾客。对于一对一营销来说，顾客的详细资料至关重要。也可以这么说，没有理想的顾客个人资料，就不可能实现一对一营销。因此，准备实施一对一营销的企业首先就是要建立起自己的顾客数据库，并努力与数据库中的每一位顾客建立良好的互动关系。在这一阶段，企业应注意两个问题：①要深入了解顾客的信息。不能满足于仅仅知道顾客的名字、住址、电话号码等，更要掌握如顾客的习惯、需求偏好等尽可能多、尽可能详细的其他信息。企业还应把与顾客的每一次交易行为都记录下来，如顾客购买的产品数量、价格、特定的需求等。②保持对顾客的长期研究。一对一营销要求企业必须从每一个接触层面、每一个可利用的沟通渠道去认识和了解每一位顾客，并长期保持这种对顾客的研究，以适应顾客不断变化的需求。

（2）对顾客进行差异分析。注重顾客的差异化而不是产品的差异化，这是一对一营销与其他营销方法最大的不同之处。顾客的差异化主要体现在两个方面：一是不同的顾客代表着不同的价值水平；二是不同的顾客有着不同的需求。因此，一对一营销强调要在详细的顾客资料以及考虑顾客价值的前提之下，对顾客之间的差异进行合理的区分。

（3）与顾客保持良性沟通。提高双向沟通的成本收益和沟通效率是一对一营销发挥现实意义的关键一步：①提高成本收益，企业需借助信息反馈的自动化和低成本来提高沟通的成本收益；②提高沟通效率，就是要提高企业对顾客的相关信息做出反应的及时性和连续性。这里所说的相关信息意指对顾客需求变化的洞察和对顾客价值的准确评估。而连续性则是要求企业与顾客之间的沟通不受时空的限制，即上次从哪里结束，这次就从哪里开始，无论上次联系是发生在什么时候、什么地点、以何种形式进行的。

（4）定制企业行为。定制企业行为的内容大体上包括两个方面：①对产品的生产过程进行重新解剖，从中划分出若干相对独立的子过程，并设计出若干微型的组件或程序，以便用较低的成本组装各种各样的产品去满足顾客的需求。②在现有生产能力的基础之上，尽力去满足顾客的需要，低成本地利用柔性生产系统，通过可以改变的控制软件，为顾客定制一件实品，并围绕这件实品提供某些方面的定制服务，如设计不同的包装式样等。要做到这一点，企业应在以下几个方面多做努力：其一，先将定制的产品图纸化，并由顾客对其做出评价，避免生产出令顾客不满意的产品；其二，根据顾客数据库内的详细信息，进行针对性的意见征询和广告策略；其三，提高对抱怨声最大顾客的重视程度，运用技术收集他们对企业产品的不满信息，了解他们对产品的期望。

第七章

价格营销：
精准定价，跳出价格战的无效陷阱

成本加成定价法

成本加成定价法计算比较简单，且在市场诸因素基本稳定的情况下采用这一方法，可保证各行各业能获得正常的利润率。

成本加成定价法没有充分考虑市场上需求一方的利益，是典型的生产者导向观念的产物。

夏天到了，小王想买一件短袖，就趁休息日来到一家服装商场里。换季的衣服早已琳琅满目地挂起，小王在商场里转了一圈后，走进一家看起来还比较舒服的店铺。

"老板，这件短袖多少钱？"小王指着一件浅绿色的短袖问道。

"哦，先生好眼力啊！这可是时下最流行的款式，颜色也显得年轻，您穿上最合适不过了。我们店的价格最公道了，您给150元吧！"老板是一个中年妇女，满脸堆笑地应承着。

"嘿！我说老板你欺我不知行情是吗？这件短袖也值150元？我看最多100元！"小王试探着还价。

"哎哟！瞧您说的，顾客就是上帝，我怎么敢欺骗上帝呢？上帝可是明察秋毫啊！这么跟您说吧，这件短袖进价是120元，您不能让我白忙活吧！就当给我个辛苦费，130元您拿走！"老板的口才显然是经过千锤百炼了。

刚才在商场里闲逛的时候，小王实际上已经留意了各家店铺的价格，知道这个老板的话虽然还有些水分，但也八九不离十了，于是爽快地买下短袖。

"进价是 120 元，您不能让我白忙活吧！就当给我个辛苦费，130 元您拿走！"女老板的意思是这件衣服的成本是 120 元，加上一些"微薄"的利润，130 元已经足够便宜了。换句话说，女老板的定价原则就是在成本的基础上适当加一些"辛苦费"，实际上这就是所谓的成本加成定价法。

成本加成定价法，生产者导向的产物

企业若想生存和发展，就必须要获得一定的利润。也就是说，企业所制定的产品价格必须高于生产经营该产品的成本。成本加成就是在这一思想的指导下发展起来的一种定价方法。

成本加成定价法的概念

在成本加成定价法之下，企业要把所有为生产某种产品而发生的费用均计入成本的范畴，计算单位成本的变动情况，合理地分摊固定成本，然后在总成本的基础上，按一定的利润率决定价格。其计算公式为：单位产品价格 = 单位产品总成本 ×（1+ 目标利润率）。

确定合理的目标利润率是应用成本加成定价法的关键之所在，而目标利润率的确定取决于市场环境、行业特点等多种因素。不同产品的加成比率不一样，企业可参考同类产品的加成比率来确定价格。但不管如何确定目标利润率，有一点是毫无疑问的，即当某一产品在特定的市场中以相同的价格出售时，成本低的产品会获得较高的利润率，并且能在进行价格竞争时赢得更大的回旋空间。因此，采用成本加成定价法的企业，若想提高利润率，便要努力降低产品的生产成本。

成本加成定价法的优缺点

成本加成定价法作为一种较为常用的定价方法，其优点主要有以下几点：

（1）成本加成定价法简化了定价工作，且资料容易获取，便于企业开展经济核算工作。

（2）根据企业单位产品的总成本进行定价，能够保证企业生产和经营该产品的所有耗费都能够得到补偿，且在一般情况下，能够获得一定的利润。

（3）若某一行业中的所有企业都采用成本加成定价法，只要加成比率相近，其最终售价也必然会趋同，这样会减少或者避免价格竞争。

（4）采用成本加成定价法对买卖双方都较为公平，卖方能够得到较为稳定的正常利润，而买方也不必担心产品的价格会突然上涨而受到额外的剥削。

成本加成定价法为典型的生产者导向定价法，在确定产品价格时，以自我为中心，不顾市场情况。而当今绝大部分的行业都属买方市场，产品品种繁多，竞争异常激烈，消费者已然成为市场的中心。企业只有全方面地以消费者为中心，不断满足消费者的需求，才有可能在市场上立足。故而，成本加成定价法在市场经济中存在诸多明显不足之处：

（1）企业采用成本加成定价法，以固定的目标利润去销售产品，不利于产品生产经营成本的降低。

（2）成本加成定价法以单位产品的总成本作为定价的基础，缺乏灵活性，管理者在有些情况下容易做出错误的决策。

（3）成本加成定价法最致命的缺点在于忽视了产品需求的弹性。实际上，同一产品在不同的时期、不同的产品在同一时期、同一产品在不同的市场都有着迥然相异的需求弹性。对这些弹性缺乏敏感性，甚至是视而不见，就不能适应迅速变化的市场需求，也不能具有强大的市场竞争能力。

某制鞋厂的成本加成定价法

某制鞋企业年产量为 10 万双，平均每双鞋的成本是 50 元钱，总固定成本为 50 万元，该厂期望的成本利润率为 20%。在这些条件下，该厂的产品价格制定过程如下：

已知单位变动成本为 50 元，单位固定成本分摊为 $50 \div 10 = 5$（元），期望成本利润率为 20%。所以，单位产品的价格 P=（50+5）×（1+20%）=66（元）。

由此，该厂将产品的出厂单价定为 66 元。

方法实施要点

为了在实际应用中克服诸多不足之处，企业可按产品需求价格弹性的大小来决定成本加成的比例。这就要求企业必须密切关注市场的动态，通过大量的市场调查和详细的市场分析尽量准确地估算出需求价格的弹性，从而为产品确定一个正确的价格。

根据需求价格弹性的大小来确定成本加成定价法的加成比例，是对完全成本加成定价法的一种改进。

随行就市定价法

随行就市定价法能产生一种公平的报酬，且不会扰乱整个行业的秩序，是行业集体智慧的体现。

随行就市定价法并不一定采取与市场通行价格完全一致的定价，而只是将其作为一个重要的参考，再结合自身的实力和市场策略来制定最合适的价格。

春秋战国时期，越国有位美女名叫西施，不仅长得如同仙女，一举一动也非常动人。西施有一个心口痛的毛病，每次犯病时，她总用一只手按住胸口，紧锁眉头。西施的这个动作，更衬托了她的娇弱，让人看了更加怜惜，于是西施的美名越发传播开来。

西施的邻村有一个丑姑娘名叫东施，平日里得不到人们正眼瞧，听说西施十分美貌，就想向她学两招。她偷偷地来到西施的村子，发现西施紧捂胸口、眉头紧锁的样子确实十分动人，暗想：原来人们之所以喜欢她，说她长得漂亮，就因为她常摆这个姿势呀！我要是也做这个姿势，肯定也能引起人们的注意。于是东施就模仿起了西施的病态。结果人们见了原本就丑的她，现在却变成了这种疯疯癫癫的样子，都像见了鬼一样，躲得远远的了。

爱美之心，人皆有之，东施效颦，其情可以理解。然而，若不考虑自己的情况，一味模仿，却难免会造成"画虎不成反类犬"的后果。正确的做法是借鉴对方的方式方法，然后结合自己的特点，以期在现在的基础上获得更好的效果。从营销方面来看，在众多产品定价方法中，随行就市定价法便是这一道理的切实体现。

以市场通行价格作为重要参考

消费者往往会用竞争对手类似产品的价格作为判断某产品价值的依据，故而，为提高产品的市场竞争力，企业在定价时除了要考虑自身的成本、消费者的需求等因素以外，尤其要重视市场通行的价格，即把市场通行的价格作为定价的重要参考。随行就市定价法便是这样一种定价方法。

随行就市定价法即企业结合自身的战略目标和行业的竞争水平来制定价格的一种定价方法，其价格的制定主要基于竞争对手的价格，而非自身的成本和需求。所制定的价格可能高于竞争对手，可能与竞争对手持平，也可能低于竞争对手，具体要由企业的战略目标、竞争对手的市场地位等因素所决定。

与其他定价方法相比，随行就市定价法的特点比较明显，主要表现在两个方面：首先，这种定价方法能够产生一种比较公平合理的报酬，不会扰乱行业的协调，且能够体现整个行业的集体智慧；其次，当企业测算产品成本比较困难或者竞争对手不确定的时候，非常适宜采用这一定价方法。

汤姆森公司随机应变

采用随行就市定价法的企业，并不意味着一定要和市场上的通行价格保持一致，而更多的是以市场上竞争对手的价格为参考，制定更有竞争力的价格，从而在竞争中占据有利地位。英国汤姆森公司便是运用该定价方法的行家里手。

旅游是汤姆森公司的主营业务，业内人士都知道成功经营旅游业的关键在于不断推出新的度假活动，这正是汤姆森公司的强项所在。例如它曾在冷战最"冷"的时候成功推出莫斯科周末度假业务，吸引了众多消费者前往神秘的莫斯科，取得了非常好的市场效果。1983 年，汤姆森公司推出的夏季旅游项目丰富多彩，包括"湖光山色""夏日阳光""亲密友好""马车""别墅和公寓"等。为了便于消费者更深入地理解这些项目，他们决定提前发放 500 万份关于这 5 种度假活动的便览。

　　与一般的业务不同，对旅游业务来说，尽早展开营销活动是非常重要的。因为工厂的休假日早已排定，大多数的消费者会及早做好度假的打算，所以比你的竞争对手更早地推出旅游活动便览，尽早地抢占消费者的眼球，这对最终营销结果具有重要的影响。但是，率先推出旅游便览也有不可避免的弊端，即别的公司可以针对汤姆森的定价制定出更具竞争性的价格，从而吸引更多的顾客。对于这一问题，汤姆森公司这次暗藏了一条锦囊妙计。

　　原来，虽然汤姆森公司从 9 月 1 日开始推出明年夏季的旅游便览，并在 BBC 广播电台、全国性的报纸等媒体上大力宣传，吸引了众多消费者的目光，但对于价格却总是含糊其词。就在其他旅游公司等得不耐烦而在 9 月下旬纷纷推出自己的旅游便览时，汤姆森的旅游价格终于出台了，它的定价比其竞争对手低得出人意料，顿时在消费者中间引起了强烈的反响，且令竞争对手措手不及。

　　在 9 月份的宣传中，汤姆森公司占得了先机。然而 10 月份的时候，竞争对手却抢先发难，宣布所推出的旅游项目一律不收附加费。在 20 世纪 80 年代的时候，旅游业收取附加费是约定俗成的规矩，虽然消费者感到不快但也无可奈何。如今这家旅游公司宣布不收附加费即引起了巨大的反响，甚至连媒体都争相报道。为使自己不至于过于被动，汤姆森公司在最短的时间内做出反应，也承诺不收任何附加费，这样总算在 10 月份的宣传中没有处于明显的劣势。

进入 11 月后，竞争更加激烈，但 1983 年的旅游市场却一反常态，露出罕见的疲态来。英国各大旅行公司的预售票仅为往年的 70%，为此公司都把目光集中于圣诞前后的订票高峰期。为保证最后的成功，汤姆森公司决定采取主动行动，它开始重印和发售旅游便览，制定了更加低廉的价格，使其假日旅游价格更具竞争力。这一次它又一次打了竞争对手一个措手不及。

最终，凭借几次三番地调整价格，制造轰动效应，汤姆森公司终于在当年的营销大战中笑到了最后。

密封投标定价法

在密封投标定价法下，供应商对价格的制定不是基于产品的生产成本或者市场需求状况，而是基于对竞争对手报价的估计。

一般来说，供应商所定的价格越低，中标的概率也就越大。

甲乙二人在山上露营，忽然发现不远处出现了一只斑斓的大老虎，老虎一步一步向营地走来。就在这危急的时刻，乙忽然掏出跑鞋，麻利地穿上。

甲非常不解："难道你想和老虎赛跑吗？别做梦了！"

乙摇摇头道："我当然没有那么自不量力，我只要比你跑得快就行了!"

这个故事充分反映了在密封投标定价下各供应商的心态。供应商不是在与招标者斗智斗勇,因此产品成本、市场供求状况等并不是其考虑的重点,只有竞争对手的出价才是最重要的。一般情况下,只要比竞争对手的报价更低,供应商就能够在竞标中胜出。

制定一个更有竞争力的价格

机构、团体或者企业要采购大宗物资或进行某项工程时,常用招标的方式来选择供应商。利用供应商之间的竞争,来为自己赢得最大的利益,这就是密封投标定价法。

密封投标定价法通常采用公开招标的方法,公开招标是一种有组织、有计划的采购活动。买方可以在适当的媒体上登广告或者向各供应商发出函件,广告或函件中应详细说明所需商品的品种、规格、数量等要求,邀请供应商在规定的期间内参与投标。供应商若有意参与投标,便需在规定的期间内填写标单,标单上应详细填明所供应商品的种类、数量、价格、交货日期等要素,然后将标单密封送达招标人,最终由招标人选择最符合招标条件的供应商签订协议。

这种方式广泛地应用于政府采购、建筑工程和成套设备交易中。决定供应商能否中标的因素有很多,如供应商是否按规定的时间和程序参与竞标、供应商所提供的商品是否能满足招标人的要求等,其中最关键的因素是价格。一般来说,在其他条件与竞争对手相差无几的情况下,供应商所定的价格越低,其中标的概率就越大。需要注意的是,这种价格的确定不是基于产品的生产成本或者市场需求情况，而是根据供应商对竞争对手报价的估计。

诚然，供应商的低定价能够提高其中标的概率，但同时也会影响利润水平，影响企业的收益。供应商参与投标的根本目的在于争取最大的利润，不是中标本身，而如果不中标，利润就根本无从谈起。因此，供应商在制定价格的时候面临两方面的矛盾，一是中标，一是利润最大化。

为解决上述两方面的矛盾，供应商就必须在中标概率最大化和利润最大化二者之间找到一个最佳的均衡点。过分强调中标概率而不惜低价参与竞标，或者单纯追求利润最大化而忽视中标概率，对供应商来说，都会造成收益的减损，如下图所示。企业可借助中标收益曲线来进行分析。

某供应商的价格制定过程

一供应商接到某机构的信函，邀请供应商参与一批办公用品的招标活动。为了能最终中标，并获得尽可能大的收益，该供应商开始针对其竞争对手展开情报搜集工作，然后将搜集来的信息加以详细的分析，列出了如下表格。

出价（元）	公司利润（元）	中标概率（%）	期望利润（元）
11 万	0	80	0
12 万	1 万	40	4 000
13 万	2 万	20	4 000

14 万	3 万	10	3 000
15 万	4 万	5	2 000

通过上表，可以看出，供应商出 12 万元和 13 万元的报价，都能够获得最高的期望利润 4000 元。因此，供应商无论出二者中的哪一个报价都可以。最终，保险起见，该供应商选择了 12 万元的报价。

认知价值定价法

消费者所要购买的是产品的使用价值而非产品本身，因此，只有产品的使用价值与最终销售价格相吻合，才能说产品的定价是成功的。

认知价值定价法根据产品在消费者心目中的价值来定价，使产品价格更为贴近市场，有利于产品销售目标的实现。

美国沃尔弗林公司生产了一种名叫"安静的小猪"的松软猪皮便鞋。由于这是一种全新的产品，市场上没有同类产品，因此产品的定价也没有参考标准，这让公司的管理人员颇伤脑筋。他们打算定在 5 美元左右，但不知能否得到消费者的认可，于是便决定先进行试销。

沃尔弗林公司先把 100 双鞋无偿提供给 100 位顾客试穿，试穿为期 8 周。8 周以后，公司会派人登门收鞋，如果有人想留下，只需付 5 美元。结果，试穿期之后，绝大多数的顾客选择留下鞋子。根据这个信息，公司最终将鞋的价格定为 7.5 美元，并开始批量生产，结果取得了不错的销售业绩。

绝大多数的顾客留下了鞋子，这意味着消费者认为鞋是物超所值的，说明公司的定价还有上升的空间，公司据此制定了价格。事实证明，最终的价格是被市场所认同的。沃尔弗林公司的定价策略，以顾客的"认知"为标准，使产品的定价更为贴近市场，这便是所谓的认知价值定价法。

制定一个消费者认同的价格

现代营销学认为，顾客最终购买的是产品的使用价值而非产品本身，因此，只有产品的使用价值和销售价格相接近，产品的定价才是成功的。而产品的使用价值往往表现在顾客能够认知的价值之上，于是便有了所谓的认知价值定价法。

认知价值定价法，就是指企业将消费者对某一商品价值的认知度作为定价的依据，运用各种营销策略和手段影响消费者对商品价值的认识，从而形成对企业有利的价值观念，然后再根据商品在消费者心目中的价值来制定价格。

阿尔法计算机公司提高顾客认知价值

阿尔法计算机公司的主要产品是网络服务器用微型计算机。阿尔法公司具有高超的技术能力，产品的技术性能卓越，其产品定价尤其为人所称道。

阿尔法计算机公司曾经推出过一款新型计算机。在为这一新型计算机定价时，阿尔法公司认为，顾客挑选微型计算机的标准主要是两个技术特征，即处理器的速度和二级读取速度。为此，阿尔法计算机公司针对主要竞争对手艾斯公司和基康普公司的产品定价以及上述两大技术特征，制定了颇具竞争力的价格。然而，令人意想不到的是，新产品投放市场后，销售状况一直不理想。这让阿尔法公司的高层管理者们非常不理解：自己的产品明明比竞争对手的产品性能好，而且价格更低，为什么得不到消费者的认同呢？

为此，阿尔法公司的营销部门专门请了市场调查公司，去调查微型计算机的消费者们最在意的是产品的哪些特征，处理器的速度和二级读取速度是不是消费者首先考虑的标准。调查结果完全出乎阿尔法公司高层们的预料。在消费者的心目中，计算机软硬件的兼容性、稳定性、销售商的技术服务质量等方面都排在了单纯的高速度之前，甚至连用户手册的质量都排在二级读取速度之前。

第八章

全能营销：
全世界赢利最快的6个营销策略

4C 和 4R 营销

4C 营销从消费者的角度考虑问题，更重视顾客的满意，是 4P 营销在新形势下的发展和延伸。

4R 营销纠正了 4C 理论一味追求顾客满意的理念，强调企业与顾客之间应互相合作，建立起双赢的关系，是关系营销的理论基础。

古时候，有一位贪慕虚荣的富豪，非常喜欢贵重的皮袍子和精美的食物。一日，他心血来潮，想做一件价值千金的虎皮袍子，以炫耀自己的财富。苦于没有足够的虎皮，于是富翁便上山找老虎商量，他说："本老爷需要一件皮袍子，要剥你们的皮……"不料富翁还没说完，老虎就没命地逃入了深山。

又有一次，富翁想摆一个丰盛的羊肉宴席，于是故技重施，来找羊商量。羊听了富翁的想法，非常恐惧，像老虎一样也逃进了密林深处。

就这样，富翁谋划了很长时间，结果皮袍子和宴席都没有办成。

这个故事对营销的启示在于，企业应从顾客的角度出发去考虑问题；反之，若只考虑自己的利益，结果只能是让顾客敬而远之。而重视顾客的利益，也正是 4C 和 4R 营销与传统营销理论与营销方法最大的不同之处。

让消费者成为营销的中心

20世纪90年代，美国学者劳朋特教授从消费者的角度出发，提出了一种与4P相对应的4C理论，4C的4个组合要素分别是消费者的需求（Consumer needs）、消费者愿意付出的成本（Cost）、购买的便利性（Convenience）和沟通（Communication）。这一理论一经推出，就立即在工商界以及营销传播界引起了巨大的反响，并为整合营销传播的出现奠定了基础。

虽然从消费者的角度出发顺应时代发展的趋势，但是顾客的需求也需要有一个合理性的问题。例如，顾客总是想要产品的价格越来越低，如果企业一味地去迎合顾客的需求，必然要付出沉重的代价。因此，理想状态下企业与顾客之间的关系绝不应是一方无限地去满足另一方，而应是双赢的关系。而4C理论片面地强调顾客的需求，没有体现出企业所更应遵循的双赢原则。针对这一问题，著名的整合营销大师唐·E.舒尔茨提出了4R营销新理论，该理论的4个营销要素分别为：关联（Relevancy）、反应（Response）、关系（Relationship）、回报（Reward），侧重于要求企业同顾客建立有别于传统关系的新型关系。这一理论体现和落实了关系营销的思想。

4C理论的内容

4C理论以消费者的需求为导向，这一点在它的4个组合要素中有淋漓尽致地体现：

（1）消费者的需求。即企业首先要了解、研究和分析消费者的真正需求是什么，而不是首先考虑在现有条件下企业能够生产什么。

（2）消费者愿意付出的成本。企业要去研究消费者愿意为产品付出多少钱，而不是首先去给产品定价，即向消费者要多少钱。

（3）消费者购买的便利性。企业应首先考虑如何在交易过程中给消费者提供更多的便利，而不是首先去选择对自身有利的销售渠道。

（4）与消费者进行沟通。强调以消费者为中心进行营销沟通是非常重要的。通过这种沟通，可以把企业的内外营销不断进行整合，最终将消费者和企业的利益无形地整合在一起。

4R 理论的内容

4R 理论的最大特点是以竞争为导向，在一个新的层次上概括了营销的新框架，其侧重点是企业与客户的互动和共赢。其内容主要包括以下几个方面：

（1）与客户建立关联。企业若想获得一个长期而稳定的市场，提高目标顾客的忠诚度是必不可少的。然而在同质化竞争日趋激烈的市场上，顾客的忠诚度是会变化的，他们往往会不断尝试不同企业的产品。为解决这一问题，企业只能通过某种有效的方式在需求、业务等方面与顾客建立关联，并形成一种互助、互求、互需的关系。

（2）提高市场反应速度。对企业而言，当前最现实的问题不是如何制订、实施和控制计划，而是要随时倾听顾客的心声，了解顾客需求的变化，并迅速做出反应，只有这样才能够使顾客感到满意。

（3）重视关系营销。在竞争激烈的当今市场环境下，关系营销正发挥着越来越重要的作用，市场竞争的关键点已转变为如何与顾客建立长期而稳固的关系。为此，企业应将交易看作是一种责任，将营销工作的重点从管理营销组合转变为管理客户关系上来。

（4）回报是营销根本价值的体现。对企业而言，市场营销的根本价值就在于其能为企业带来短期或长期的收入和利润。企业应追求市场回报，并将市场回报视作企业进一步发展的源泉。

宝洁用 4C 打造"美发店中店"

2001 年 8 月，宝洁（中国）的第一家美发店中店在北京朝阳门的华普超市开业。店内集中陈列了宝洁旗下的飘柔、海飞丝、潘婷、沙萱、润妍等五大品牌的洗、护发产品，还专门安排了职业的美发顾问接受顾客有关洗、护发的咨询。这一举动在当时引起了人们的关注和好奇，因为美发店中店在中国还是第一次出现。那么宝洁是基于什么理念推出以及如何经营美发店中店的呢？答案就是营销 4C 理论。

消费者的需求

消费者对洗、护发产品的需求，从本质上来看，并不是产品的本身，而是它能够为消费者提供美的价值。如今的消费者已不再是为了卫生而洗发，他们更愿意为了美而洗、护发。他们希望能够了解更多的美发知识，希望所用的产品最适合自己的发质，希望购物过程是一种享受。也许他们不得不为这些需求多支付一些费用，但是在他们看来这点费用远算不上什么负担。

宝洁公司察觉到了现代消费者的深层次的需求，尝试着把洗、护发产品当作一种高档美容化妆产品来卖。为此，它在商场里设置

全能营销

专区，在超市里设专柜，设计专门的组合型货架和展台，集中展示公司旗下的全线洗、护发产品，并配以精美的灯饰和电脑咨询设备。除此之外，专业美容顾问还会帮助顾客挑选最适合他们的产品，使消费者在店内得到的不仅是产品，更有美的价值的服务。

消费者成本

正确的定价方法，应该以消费者为满足自身需要所愿意支付的成本为依据。在这种定价方法下，产品的价格应该既处在消费者可接受的范围之内，又能够让企业有所盈余，使买卖双方都感到满意。

在宝洁的美发店中店里，各种洗、护发产品的销售价格并没有提升，消费者不需要支付更多的价格就能够享受到更多服务，得到更高的价值；集中陈列全线洗、护发产品的方式，也使消费者避免了在鳞次栉比的货架间搜寻产品的辛苦；专业美发顾问的咨询服务，降低消费者购买风险的同时还使消费者借此增加了一些美发知识和技巧。在宝洁的美发店中店里，消费者会有物超所值的感觉。而对宝洁来说，由于美发店中店吸引了众多的消费者，也使其获得较好的经济效益。

消费者便利

宝洁经过深入的市场调查，发现很多的消费者喜欢集中选购同一品牌的产品。根据消费者的这一消费习惯，美发店中店把洗、护、染等按品牌形象集中陈列，大大缩短了消费者购物所花费的时间和精力。实际销售状况证明，这种集中陈列同一品牌产品的做法深受消费者的欢迎。

与消费者沟通

美发店中店与一般的促销展台不同，它为商家和顾客之间的互动交流创造了良好的环境和条件。店内虽然也有广告演示和宣传资料，但消费者并不是被动的接受者，他们通过专门的电脑咨询设备或者向专业美发顾问寻求帮助，选择适合自己发质的产品。

国内消费者长期以来一直把洗、护发产品看作是日常消费品，在商场里，洗、护发产品也常和家庭日用必备品摆放在一起。而在欧美国家，把洗、护发用品定位为高档美容产品的理念其实已经形成，类似美发店中店的经营模式也不再是新鲜事物。这次，宝洁首先在国内开设美容店中店，它与消费者的沟通其实已经超越了产品本身的意义，更起到了引领时尚的作用。

7P 服务营销

服务营销是企业经营管理深化的内在要求，是企业在新的市场形势下获得竞争优势的新要素。

服务营销有利于企业保持并维护现有的顾客，实现长远的利益。

雨天的午后，一位老妇人走进了费城的一家百货公司。老妇人衣着朴实，衣服已被雨水打湿，看起来稍显寒酸。大多数的柜台人员对老妇人视若无睹，认定她不可能是顾客，自顾自地忙着工作。只有一位年轻人热情地走过来，问自己可以为老妇人做些什么。老妇人笑着摇摇头，说自己只是避雨，并不打算买什么东西。年轻人的热情不减，连说没关系，并顺手拉过一把椅子请她坐。

雨停之后，老妇人向那位年轻人道谢，并索要了一张名片。一晃几个月过去了。一天，百货公司老板收到了一封信，信中要求那位年轻人前往苏格兰去收取装潢一整座城堡的订单！原来，这封信就是那位避雨的老妇人写的，而老妇人正是钢铁大王卡内基的母亲！

年轻人立即动身前往苏格兰，而此时他已经升格为这家百货店的合伙人了。

年轻人成功的秘诀是什么？很明显，是他的热情，是他的服务意识。是的，没有顾客希望被冷落，发自真心的热情而周到的服务，将是企业获得竞争优势的重要途径。

让顾客感觉受到重视

从 20 世纪 80 年代后期开始，营销学者们在服务营销组合上达成了较为一致的意见：在传统的 4P 营销组合的基础上加入了 3 个组合要素，即人员（People）、有形展示（Physical Evidence）和服务过程（Process），形成了 7P 服务营销。

7P 服务营销的内容

7P 服务营销的提出和被广泛应用，使服务营销的理论研究开始扩展到内部市场营销、服务企业文化、员工满意、顾客满意、顾客忠诚等领域。

（1）产品。对于服务营销而言，产品所涵盖的内容包括服务范围、服务质量、服务水准等方面。此外，品牌保证、售后服务也是服务营销必须要注意的。

（2）价格。价格是区别一项服务与另一项服务的重要标准。而价格与质量的关系，无疑是消费者要重点考虑的方面。

（3）渠道。提供服务者的所在地以及其地缘的可达性，也是服务营销的重要因素。

（4）促销。服务营销的促销包括广告、人员推销、销售促进等方式，以及各种市场沟通方式如公关等。

（5）人。这里所指的人，扮演着传递与接受服务的角色，换句话说，也就是指公司的服务人员与顾客。服务人员对服务业来说至关重要。事实上，服务人员在顾客眼里就是服务产品的一部分，服务人员的表现完全能够决定顾客对服务质量的认知与喜好。因此，公司应充分重视对服务人员的培训，时时跟踪他们的表现。此外，企业还应重视顾客与顾客的关系，因为在服务业中，一位顾客对产品质量的认知往往会对其他顾客产生重要影响。比如餐厅中某位食客对服务的评价，就会对其他食客产生重要影响。企业应注意在顾客的相互影响方面进行质量控制。

（6）有形展示。有形展示所包含的内容包括实体环境、提供服务时所需要的装备以及其他一些实体性线索，如航空公司所使用的标志、干洗店为洗好的衣服加上包装等。绝大多数的服务企业都有有形展示，没有有形展示的"纯服务业"极少。因此，有形展示也会影响消费者对一家服务营销公司的评价。

（7）服务过程。服务的递送过程对服务业公司而言也是非常重要的环节。表情愉悦、专注和耐心的服务员往往可以抚平消费者在不得不排队时所表现出的焦躁情绪，也可以在技术出现问题时缓解消费者的抱怨和不满。当然，服务人员的良好态度也并不是万能的。若想使服务过程切实让消费者感到满意，服务业公司还必须在整个服务体系的运作策略和服务方法的采用、服务过程中机械化的应用、咨询与服务的流动、订约与待候制度等方面多做改善。

德国慕尼黑机场的服务营销

慕尼黑机场是德国的第二大机场。虽然在规模上慕尼黑机场比不上伦敦的希思罗机场和法兰克福的机场，但优越的地理位置以及高效周到的服务，还是使其旅客吞吐量的增长速度在所有欧洲机场中独占鳌头。而今，慕尼黑机场正逐步成为欧洲大型航空枢纽机场。现在，就让我们来领略一下慕尼黑机场备受旅客称赞的服务营销吧！

世界最快的服务速度

衡量航空枢纽机场效率的最重要的指标就是 MCT（飞机最短换乘时间）。慕尼黑机场不管是国内航线还是国际航线，其 MCT 均为 30 分钟。这一速度在世界上也是首屈一指的。慕尼黑机场实现这一速度可并不容易，为此其做出很多努力：

（1）与航空公司合作。为提高服务速度，慕尼黑机场决定筹建第二航站楼。为此它与德国汉莎航空公司进行了合作，其中前者出资 60%，后者出资 40%。机场和航空公司合作经营航站楼，这在世界上是非常罕见的。但是它的效果如何呢？我们不妨引用慕尼黑机场的总经理兼 CEO（首席执行官）夏埃尔·卡克勒的话来回答这个问题，他是这样说的："正是因为二者的合作，才实现了可观的效率性。"

（2）采用先进的计算机管理系统。先进的计算机管理系统是慕尼黑机场实现最快服务速度的另一个关键因素。例如，机场的中央控制中心可以从这个计算机管理系统中方便地获知在慕尼黑过境换乘飞机的旅客数量，根据这一信息，指令飞机停靠在便于旅客走向换乘航班的登机入口。机场的中央控制中心内不仅聚集着进行飞行管理的人们，地面服务、旅店和货物管理等部门的负责人也汇聚在这里。他们常常在确认飞行信息的同时，立即安排开展货物装卸、燃料补充等地面业务的准备活动。旅客数量等信息还会被传递到出入境管理处和负责安全保卫的国家派驻机构，以便他们及时做好迎接旅客的准备。

（3）快速的行李装卸。飞机抵达后，所有被托运到的行李立即被送上全长 40 千米的传送带上，在传送带上一面接受 X 光安全检查，一面移动。如果安检顺利的话，装卸行李的全部时间不会超过 7 分钟。慕尼黑机场的行李处理效率是 1.5 万件 / 小时，每件行李都会经过包裹控制中心系统的检查。一旦发现混入其他飞机的行李，会立即将其送至重新确认的检查点，两分钟以后再次送上传送带。

值得一提的是，负责为慕尼黑机场管理计算机信息系统的是德国的西门子公司。这样，机场、航空公司和信息系统公司三者之间强强联合，形成了一个高速、高效运转的系统。

全面周到的服务

慕尼黑机场的服务绝不仅仅体现在效率方面，服务的全面性和周到性也同样为人所称道。从机场开业起，慕尼黑机场便在机场内陆续开设了时装店、化妆品店、餐厅、超市，甚至还建立了可以进行心脏手术的医院，还有教堂，真是一应俱全。在只有接受安全检查的旅客才能进入的控制区内，商店的货品也非常齐全。一般的机场在控制区内出售的商品以酒类、香水等免税商品为主，而在慕尼黑机场的控制区内，旅客可以购买到高级品牌的西装、包袋、皮鞋等商品，基本上同街上的商店没有什么区别。全面周到的服务不仅赢得了旅客的欢迎，慕尼黑机场也从中得到了实惠。2004 年，在机场 6.54 亿欧元的营业额中，来自商业贸易的收入占到了不小的比例。

由于慕尼黑机场地处郊区，要进入市区主要是通过铁路。虽然每 10 分钟就有一班火车，但从机场到市区仍需花费 45 分钟。为方便旅客，慕尼黑机场已制定了开通磁悬浮列车的规划。该规划一旦成为现实，届时从机场到市中心将仅需 10 分钟。

慕尼黑机场因优质的服务而在欧洲声誉日隆，在同行中也颇受推崇。许多欧洲乃至亚洲国家的机场都纷纷到慕尼黑机场取经，学习其先进的经营管理经验。为此，慕尼黑机场开辟了一项咨询业务，专门向他国机场输出经营管理知识，而今这项业务已然成为慕尼黑机场新的利润增长点。

绿色营销

随着社会的发展，消费者日益认识到，环境的污染最终会严重地影响自己的生活方式和生活质量。为此，他们迫切地期望生产者能多注意环境问题，尽力去降低对环境的污染，提高环境质量。

绿色营销体现了企业以消费者的利益为中心，建立人与自然和谐统一的机制，代表了企业发展的未来方向。

很久以前，爬山虎是生长在墙角根下的植物，而且根系很深。有一天它突然对墙壁说："墙壁大哥，你这么高大，老是挡着我的光线，让我都不能呼吸阳光了。我一定要超过你。"墙壁听了没说什么。

于是从第二天起爬山虎就开始不停地往上爬，它一心就想着有一天能够超过墙壁，可是从来没有想到自己的根系承受不了它这样的折腾。开始的时候还挺有劲，慢慢地它就有些坚持不住了。没过多久，它就完全没有力气了，但是它还是不顾一切地继续往上爬。到了最后它的整个根系都露出了地面，它再也没有一丁点力气往上爬了，这时回头看看它的根却是悬在空中的。为了生存它只有把根扎在脱离地面的墙壁上，永远都不能享受大地的厚爱了。

从此，爬山虎就成了长在墙壁上的植物，它的根系永远地露在外面，任由着风吹雨打。

同样，在营销中也有很多人只是一心想让目标早日实现，而忽视了与这个目标紧密相连的最关键因素——顾客。而绿色营销则不同，它在注重消费者利益的同时，建立起人与自然和谐统一的机制，成就了企业的未来。

强调人与自然和谐统一的营销模式

随着现代工业文明的到来，人类社会也进入了一个发展怪圈：在经济高速增长的同时，生存环境却在不断地恶化；温室效应、水土流失、资源面临枯竭、生物多样性减少等种种环境问题的出现，也标志着自然对人类的报复已经开始了。在此背景下，广大消费者们终于醒悟了，他们已经意识到环境的恶化最终会严重地影响自己的生活质量和生活方式。为此，他们要求企业生产和销售对环境无害或者害处小的绿色产品，以减少危害环境的消费，绿色营销应运而生。

绿色营销的含义

绿色营销是在绿色消费的驱动下产生的，是指企业以环境保护观念为经营哲学，将绿色文化作为价值观念，以可持续发展理论为指导，以消费者的绿色消费为中心和出发点的一种营销策略。

对于绿色营销的基本内涵，我们可以从以下4个方面来理解：首先，绿色营销的观念是"绿色"的。绿色营销以节约资源、能源和保护环境为中心，强调环境污染的防治、资源的充分利用、新型能源的开发和再生资源的利用。其次，绿色营销企业所属的产业是"绿色"的，绿色营销所生产的产品是"绿色"的。绿色营销企业及其所属的产业都应具有节约能源、利用新型能源或者促进资源再生利用等特点。再次，绿色营销强调的是企业服务。该服务不仅针对客户，更注重对整个社会的服务；考虑的不仅是短期的，更是长期的。最后，绿色营销强调对大自然的保护，要求企业在产品的设计、材料的采用、生产技术的选择、包装方式的确立、废物的处置、营销策略的应用直至消费的过程等，都必须注意对环境的保护，即在营销过程的每一环节都要注意"绿色"形象的树立。

实施绿色营销的必要性

绿色营销体现了企业以消费者利益为中心，建立人与自然协调统一的机制，代表了企业发展的未来方向。企业发展和实施绿色营销是非常必要的，这是因为：

（1）适应了环境与发展相协调的战略。企业若想在未来的社会中获得稳定的发展，就必须自觉地约束自身的行为，尊重自然规律，走人口、经济、社会、环境和资源相互促进和协调的可持续发展道路。而企业之所以开展绿色营销，正是为了顺应这一趋势。

（2）顺应了消费者"环保回归"的潮流。而今，消费者基本上已无生存之虞，主要消费需求已转到健康、安全、舒适和协调发展上来。同时，消费者从社会道德和社会责任感的角度出发，自觉不自觉地承担起了保护自身生存环境的责任。于是，以崇尚自然、返璞归真、适度消费、减少环境破坏等为特征的新型绿色消费已成为一种潮流，而绿色营销无疑顺应了这一潮流。

（3）有助于企业树立良好的形象。企业通过绿色营销，可以把自身利益融入消费者和社会的利益中去，从而提升企业的整体形象。

（4）有助于企业追求合理的经济效益。绿色营销可以促进企业优化资源配置，提高资源的使用效率。同时，随着消费者绿色意识的增强，购买绿色产品成为时尚和趋势。这也有利于企业扩大市场占有率，从而获得更多的经济效益。

富顿公司和本田汽车的绿色营销

美国自由女神像翻新时，现场留下的200吨废料给政府出了难题。就在这时，一位名叫斯塔克的人自告奋勇地承包了这个差事。当别人对他的遭遇幸灾乐祸的时候，斯塔克却开始对废料进行分类处理，把废钢铸成了纪念币，废铅、铝制成了纪念尺，水泥的碎块也整理成了小石碑，朽木和泥土被装进玲珑透明的小盒子里，然后把这些东西当作宝贵的纪念品出售。斯塔克获得了巨大的成功，这些原本一文不值甚至无法处理的垃圾都成了抢手货。200吨垃圾很快便销售一空，斯塔克由此大赚了一笔。

斯塔克的故事令美国富顿公司的董事长乔治·富顿颇受启发，

他发现纽约市每天都在生产大量的垃圾。这些垃圾不仅没有被利用，还污染环境，成为公害。能不能变废为宝呢？乔治·富顿潜心研究这个问题，经过专家的指点和多次的实验，终于得出了一个肯定的答案：可以利用压缩机把混合有焦油的垃圾压成硬块，稍做加工后，这些硬块便可做建筑材料。

比斯塔克更高明的是，富顿不仅看到了商机，更懂得这样做的重要意义。为此他成立了环境净化公司，大力宣传公司对净化纽约环境所做的努力，赢得了民众的肯定，提高了公司的声誉，同时也受到了政府减免税收的鼓励。在这一良好的背景下，富顿公司立即着手研制垃圾处理机，并将它安置在垃圾处理工场，又在垃圾处理工场区域设置了10个垃圾处理站。然后，公司与每一个区域内的家庭签订了合同。合同要求每个家庭每个月支付10美元的垃圾处理费给富顿公司，所有的垃圾富顿公司全包了。因为有前期的宣传所建立起的良好声誉，合同的事没有引起居民的任何异议。他们都乐于付给富顿公司10美元，因为他们相信这样做对自己也非常有好处。就这样，富顿公司不仅每月可以收到一笔可观的垃圾处理费，还可以用这些白得的原料生产产品，供应给材料市场。可以说富顿公司做的是一个无本万利的生意，更重要的是公司的声誉一直不错。是什么给公司带来这么大的好运？乔治·富顿告诉你："是绿色营销，你必须有绿色营销的意识。"

汽车的销售与植树本是两件相互矛盾的事情，因为汽车尾气所造成的空气污染对绿树没有任何益处，继而会影响整个城市的环境。然而，日本横滨本田汽车业主青木勤社长却将这两件互相矛盾的事情结合起来，别出心裁地导演了因汽车销售而绿化街道的"本田妙案"，使本田汽车一时出尽风头。

青木勤社长在一次遭遇交通堵塞时，目睹多如牛毛的汽车，想到这无数汽车排放的尾气对城市环境所造成的恶劣影响，心中甚为不安，进而突发灵感："不能只顾卖车，应当通过卖车来促进城市绿化。"于是，青木勤立即定下了一个方针："今后每卖一部车，便在街上种一棵纪念树。"

这个方针得到了落实，本田公司每年都从汽车销售利润中取出一部分来，用作植树费用，从而美化环境。本田公司的做法也赢得了消费者的欢迎，他们中间形成了一种观念："同样是买汽车，何不买绿化街道的本田汽车？"结果本田汽车的销售量一路猛增，青木勤社长也因此而名声大振，成为汽车行业内的风云人物。

本田汽车采取"你买我汽车，我为你种树"的销售方法，把汽车的销售和城市的绿化巧妙结合起来，顺应了人们对"降低污染、绿化环境"的期望，从而大获成功。这可算是绿色营销的成功实施。

文化营销

文化是影响购买决策的最基本因素。

将文化因素引入企业的营销活动中，可以使产品超越物质上的意义而成为某种精神的象征，从而提升和丰富产品价值。

纽约的犯罪率一直居高不下，其中尤以中央地铁站最为严重。三教九流会聚于此，使历任纽约市长无可奈何。朱利安尼接任纽约市长后，对犯罪率的控制尤其重视，结果效果颇为显著，成功地使纽约中央地铁站的犯罪率下降了33%，被认为是完成了不可能完成的任务。

朱利安尼的做法令人拍案叫绝。他没有制定更为严厉的制度，或者强化警戒，而仅仅是调整了中央地铁站全站的背景音乐系统，开始24小时不间断地播放莫扎特的典雅梵音。结果这种贵族音乐彻底驱散了地铁站原有的昏暗的、混乱的"犯罪空气"。那些盗窃者、敲诈者在这种高雅的音乐中完全找不到"干活"的感觉，吸毒和贩毒的也感觉浑身不对劲，好勇斗狠的黑帮老大们更觉无趣。毕竟在莫扎特的音乐里械斗，无论怎样吼叫都欢畅不起来。

久而久之，中央地铁站里的闲杂人等变得越来越少。就这样，朱利安尼没费一兵一卒，只凭几曲莫扎特的音乐，便荡平了全美国最令人头疼的"犯罪之渊"。

文化的力量在很多方面都有显现。在市场营销中引入文化因素，同样能够起到不错的效果。

与消费者进行深层次的交流

所谓的文化营销实质上是指企业充分运用文化的力量来实现企业战略目标的市场营销活动，即在营销活动的各个环节中都积极主动地进行文化渗透，提高文化含量，以文化做媒介与顾客及社会公众之间建立起全新的利益共同体关系。其含义主要有4点：其一，企业须借助或者适应特殊的环境文化，以开展营销活动；其二，企业在制定营销战略时，应充分考虑文化因素；其三，市场营销组合应体现文化因素，并独具特色；其四，企业应充分利用 CI 战略与 CS 战略，构筑起企业的文化内涵。

文化营销的基本特征

（1）时代性。每一个时代都有其独特的文化特征，文化营销只有在不断追随和适应时代的变化中汲取时代精神的精华，才能够把握社会需求和市场机会，抢占市场制高点，否则只能被市场所淘汰。

（2）区域性。不同的国家、民族、区域都有其独特的文化，营销方式应尊重和适应地区间文化差异，形成区域性的特点，也只有这样才能做好不同文化之间的交流，消除障碍，实现文化营销。

（3）开放性。文化营销由于致力于一种理念的构建，因此具有极大的开放性。一方面，它能够产生强大的文化辐射力，提升其他营销方式的品位；另一方面，文化营销又能吸收其他营销活动的思想精华，使自己永葆创新活力。

（4）导向性。文化营销的导向性主要体现在两个方面：第一，用文化的理念来规范和引导营销活动，和消费者乃至社会进行深层次的沟通；第二，对某种消费观念、消费行为进行引导，从而改变消费者的态度、行为甚至是生活观念和生活方式。

文化营销的功能

（1）增值功能。文化营销是追求真善美的营销活动，很有可能使得产品超越了物质上的意义而成为某种精神的象征，从而在精神方面提升和丰富了产品的价值。

（2）提升功能。即通过文化来提高和升华企业的社会形象，从而使消费者更加信赖某一产品和服务。

（3）调试功能。跨文化的营销活动常常会因为种族、宗教、语言、风俗等因素的差异而产生"梗阻"，造成经营的失败。而文化营销可以运用各种手段来消除或者减少这种文化障碍。如企业针对目标市场的文化环境特点，制定出自己的营销思维；用自觉性的文化理念来协调和沟通与目标市场之间的文化屏障等。

（4）差别化功能。文化范畴内如知识、情感、习俗、道德等方面都能为产品或者服务创造出独特的风格或品位，以凸显产品和服务的个性魅力。

洞宾酒，成功源于文化营销

作为一家并不知名的区域白酒，洞宾酒在短时间内实现了销售上的奇迹：一个县级样板市场运作销售量突破了 1 000 万瓶，区域市场的占有率更是高达 95%；2004 年 10 月接到了中国台湾、韩国、马来西亚等地市场的大量订单。洞宾酒何以得到市场的如此厚爱？毫无疑问，文化营销在其中起到了至关重要的作用。

挖掘产品文化内涵

白酒作为一种情感类消费品，消费者所关注的不仅是瓶子里的产品，更重要的是瓶子外的东西，即产品的文化魅力。这一点是众多白酒厂家的共识。许多在市场上风生水起的白酒产品，也正是得益于文化内涵的独特演绎。如金六福倾力打造"福"文化，剑南春则卖力演绎"大唐华章"，孔府家则因"家"文化红透半边天。那么对于洞宾酒而言，需要挖掘什么样的文化内涵呢？

洞宾酒，其名源于吕洞宾，历史上的吕洞宾是道教中传真教的创始人，然而若以道家文化作为洞宾文化的核心，却不足以引起人们的共鸣。因为调查显示，提到道教，人们首先想到的是老子，而不是吕洞宾。所以，若将洞宾酒与道教靠得太紧，不利于市场的开拓。实际上，吕洞宾使人们印象深刻的，不是他的道教身份，也不是他的神仙传说，而是诸多乐善好施、助人为乐的故事。所以，归根结底，洞宾文化应归于"善"文化。基于此，洞宾酒的核心理念被定为"以善结缘"，并将"善结天下缘"作为洞宾品牌的口号。

产品设计，体现文化特色

以洞宾文化为指导，洞宾酒的标志被确定为一个变形的、简明的"吕"字；在产品包装上，厂家一改以往杂乱无章、毫无特色的包装风格，统一采用葫芦为瓶形。古色古香的葫芦使得洞宾酒更具内涵，也把洞宾文化发挥到了极致。事实证明，葫芦形酒瓶深受消费者喜爱，甚至有些不喝酒的消费者为了收藏葫芦瓶而买酒。

在产品度数的选择上，厂家决定把洞宾酒定为"低度白酒专家"。这一方面是因为低度白酒是白酒消费的大势所趋；另一方面低度比高度白酒更有益于身体健康，有利于树立起洞宾酒关爱他人的友善形象。除此之外，厂家还在洞宾酒的包装上打上了"洞宾爱心提示：过量饮酒有损健康"的醒目文字，使洞宾酒更富人情味。

加强产品文化传播

为了丰富洞宾酒的品牌内涵，厂家特意编制了洞宾故事连环画，放在包装里，或者在餐馆、促销点派发，便于人们更多地了解洞宾文化。故事着力塑造吕洞宾"乐于助人"及身为"酒仙"的形象。市场实践证明，这些故事对建立品牌形象和促进销售都取得了非常好的效果。一位消费者在看了连环画后，说道："我现在才知道吕洞

全能营销

宾本来就是酒仙，而且吕洞宾做了很多好事，这也使我对洞宾酒多了一层好感。"

将文化作为市场推广的排头兵

洞宾酒知名度打响以后，厂家开始着力于市场推广。在产品上市当天，厂家开展了声势浩大的品酒大会及现场幸运答题抽奖活动；现场身着葫芦卡通装的促销人员来来往往，向行人招手致意；吕洞宾的巨幅画像悬挂在大厦上，吸引无数行人纷纷参与。

针对餐饮市场，厂家推出了"100家形象餐饮店"计划，为这些餐饮店制作了统一的店头广告、门帘、桌布、葫芦筷筒、葫芦酒坛、产品海报等，使顾客走进餐饮店，就如同进入了一个洞宾的世界。

经过这一系列的文化营销活动，洞宾酒最终取得了巨大的成功，从而也证明了文化营销的巨大魅力和力量。

比附营销

比附营销通过与行业内知名的品牌建立某种内在的联系，借名牌之光，使自己的品牌迅速在消费者心中占据牢固的地位，实现提高品牌认知度的目的。

比附营销尤其适用于品牌的成长初期，是品牌迅速发展的一条捷径。

森林中有些动物根本就不把狐狸放在眼里，所以它一直在想办法利用邻居老虎的威风树立自己的威信。有一天，聪明的狐狸跑到老虎家说："天帝已经任命我为王中之王，无论谁不听我的话，都将遭到极严厉的惩罚。"老虎半信半疑。狐狸见老虎迟疑，知道它对自己的那一番话有几分相信了，便神气十足地挺起胸膛说："难道你不相信我说的话吗？那么你现在就跟我来，走在我后面，看看是不是所有的动物见了我都吓得抱头鼠窜。"

于是，狐狸大模大样地在前面开路，老虎小心翼翼地在后面跟着。没走多久，老虎就看见有许多正在争相觅食的小动物发现狐狸后，都狂奔四散。老虎信以为真了，就对狐狸说："你既然是王中之王，那我以后能为你做点什么呢？"

狐狸说："你是森林之王，我也不能太让你难堪了。你只要每天陪我散步一次就可以了。"老虎高兴地答应了。

天长日久，森林中的其他动物见狐狸总是和老虎走在一起，老虎还对它尊敬有加，自然就对狐狸另眼相看，甚至还产生了敬畏之心。

善于假借外部力量，同样的事情就会有截然不同的结果。如果把这样的智慧用在营销中，自然会通过搭上知名品牌的便车，提升自己的品牌价值。这也是比附营销追求的境界。

攀强者关系

比附营销实际上就是一种攀附名牌的定位策略。企业可以通过各种方式与同行中的知名品牌建立某种内在的联系，借助名牌的影响力，迅速在消费者心中占据一个牢固的位置。

比附营销并不意味着一定要与知名品牌亦步亦趋。事实上，还有一种对立法则可供有意采取比附营销的企业选择。所谓对立法则，就是在充分认识市场领袖优、劣势的基础之上，着力将对方的弱势转化为自己的优势，从而形成与领袖对峙之势。简言之，就是不要努力去做得更好，而是要尽力变得不同。

比附营销的提出是基于这样的理念：市场有相当一部分人愿意购买第一品牌的产品，但也总有人不愿意购买第一品牌的产品。希望成为第二品牌的企业可将这些不愿意购买第一品牌产品的消费者作为自己的目标顾客，研究他们的需求特点，尽力迎合他们的愿望，从而巩固和发展自己的市场地位。

总而言之，比附营销是一种行之有效的营销方法。采用这种营销方法的企业虽不是市场的领导者，却能够有效地将市场领导者的影响力为自己所用，它是一种快速提高品牌知名度和开拓市场的捷径。

蒙牛比附伊利

1999年初，蒙牛乳制品公司凭借1300万元的投入资金开始市场运作，当年便实现了0.44亿元的销售额。及至2002年，蒙牛的销售额已经飙升至21亿元。短短3年间，蒙牛销售额增长了近50倍，在中国乳制品行业内，由刚开始的1116位上升为第4位，创造了一个乳制品企业的成长奇迹。有人戏称这种"蒙牛现象"叫作"西部企业、深圳速度"。回首蒙牛创造的发展奇迹，可总结出许多成功的经验。然而不可否认，比附营销才是蒙牛成功的最重要原因，蒙牛对比附营销的娴熟应用堪称经典。

蒙牛从一开始，就与伊利联系在一起，例如蒙牛在它的第一块广告牌上这样写着："做内蒙古的第二品牌"；在宣传册上，有这样的宣传语："千里草原，腾起伊利集团、蒙牛乳业……我们为内蒙古喝彩"；在冰激凌的包装上，蒙牛打上了这样的标语："为民族工业争气，向伊利学习。"当时伊利早已是乳制品领域内响当当的品牌，蒙牛巧借伊利的名声，不仅在无形中打出了自己的品牌，提高了品牌的认知度，而且也摆出了谦逊的姿态，赢得了良好的口碑。

蒙牛与伊利有着深层次的渊源。其实，包括牛根生在内的蒙牛八大创业元老和90%的中层干部都来自伊利。当时，伊利内有400人集体出走，创立了现在的蒙牛。蒙牛的创业者自己也承认，如果没有伊利多年的培养，就不可能有今天的蒙牛。因为有这层关系，蒙牛从迈入市场开始，就没有把自己定位为市场份额的侵略者，而是市场的建设者，尽自己最大的努力去做大行业蛋糕。蒙牛老总牛根生说过这样的话："提倡全民喝奶，但不一定要喝蒙牛奶，只要喝牛奶就行。"

与此同时，蒙牛还提出了创建"中国乳都"的设想。因为呼和浩特的奶源质量在全国首屈一指，人均的牛奶拥有量也是全国第一，是名副其实的"中国乳都"。2001年6月，蒙牛在呼和浩特市的主要街道密集投放灯箱广告，广告的主题是"我们共同的品牌，中国乳都·呼和浩特"。从此以后，"中国乳都"的名称一炮而响，得到广泛的认可。

蒙牛做大市场蛋糕的口号及其实际行动，打消了伊利对蒙牛的抵触情绪。如果说刚开始伊利还对400人的出走耿耿于怀的话，而如今它早已经将蒙牛视作值得尊重的竞争对手了。两家企业都密切地关注着对方的销售曲线，但双方都严格遵守市场的游戏规则，使竞争在一个健康有序的范围内进行。蒙牛获得了惊人的发展，在它的追赶下，伊利也以每年超过 100% 的速度增长。而这一切都是与蒙牛聪明的营销策略分不开的。

图书在版编目 (CIP) 数据

全能营销 / 达夫著 . -- 北京 : 中国华侨出版社，
2020.1（2020.8 重印）

ISBN 978-7-5113-8153-8

Ⅰ . ①全… Ⅱ . ①达… Ⅲ . ①营销—通俗读物 Ⅳ .
① F713.5-49

中国版本图书馆 CIP 数据核字（2019）第 294770 号

全能营销

著　　者：达　夫
责任编辑：刘雪涛
封面设计：冬　凡
文字编辑：胡宝林
美术编辑：吴秀侠
经　　销：新华书店
开　　本：880mm×1230mm　1/32　印张：6　字数：135 千字
印　　刷：三河市兴博印务有限公司
版　　次：2020 年 6 月第 1 版　　2021 年 12 月第 4 次印刷
书　　号：ISBN 978-7-5113-8153-8
定　　价：35.00 元

中国华侨出版社 北京市朝阳区西坝河东里 77 号楼底商 5 号　邮编：100028
发行部：（010）88893001　　　传　真：（010）62707370

如果发现印装质量问题，影响阅读，请与印刷厂联系调换。